「なおす」生徒指導　「育てる」生徒指導

カウンセリングによる生徒指導の再生

國分康孝・國分久子監修
飯野哲朗著

図書文化

まえがき——監修者のことば

著者の飯野哲朗は、國分康孝が筑波大学大学院教授の時代の教え子であり、國分康孝・國分久子が主宰する構成的グループエンカウンターのリーダー役もつとめ、さらには、日本教育カウンセラー協会の教育カウンセラー養成の研修会にも企画役や講師役で協力を得ている仲間である。

今回、その飯野の書いた本書『「なおす」生徒指導「育てる」生徒指導』を私たちがサポートする理由は三つある。

第一は、教師の仕事は、心理療法家のそれに劣らぬプロフェッショナルレベルを有していると論証していること。第二は、生徒指導を「なおす」生徒指導と「育てる」生徒指導というコンセプトでリフレーミングしたこと。第三は、生徒指導とカウンセリングをドッキングさせる方法を提示したことである。

以上の三つを私たちが称賛する理由は、この三つがいずれも「教師でなければできないカウンセリング」、すなわち「教育カウンセリング」の実践に貢献するところ大だからである。

日本のスクールカウンセリングは、臨床心理士資格認定協会に業務独占されているが、これに対して、「教育の砦は教育者が防人でなければならぬ」と檄を飛ばしているのが本書であると、私たち監修者は解している。

全国の教育カウンセリング関係者に本書を読んでほしい。

なお、本書の編集を担当してくださった図書文化社出版部の東則孝さんに心から感謝の意を表する次第である。

二〇〇三年一月

國分康孝
國分久子

はじめに

ある校内研修の事例研究会でのこと。スクールカウンセラーの講演後に、教師のつぶやきが聞こえてきました。

「出産や乳離れの状況が必要なんだって……。子どもの生いたちをもっと調べよということなんだが、それがいつでも可能なことだとは思えないんだけど」

「もっと子どもの身になって気持ちを尊重して……。結局、受容すること以外に方法はないということなのかな。教師もカウンセラーになれということなんだね」

いまのカウンセリングブームは、癒しの時代、やさしさ中心、個人優先の風潮を生み、教師には、子どもを支援すること、子どものよさを見ることなど、「受容・共感的な態度や接し方」をさらに強めよと迫っています。「まだ続いているんだ」と私は思いました。

私は、教育相談も含めた生徒指導の大きな課題は、精神医学や心理療法をどう受け止めていくかにあったと思っています。そして、その結論が出ようとしていたころに、心理療法の専門家がスクールカウンセラーとして学校に配属されはじめたのです。

もちろん私は、スクールカウンセラーや受容・共感的な態度・接し方の必要性については理解しています。しかし、これがいかにも指導の要であるという主張が学校や社会を覆うなら、子どもの問題行動に毎日振り回されている教師は、簡単に納得できないばかりか、「こんなにがんばっても生徒指導の大切さやむずかしさをわかってもらえない」とあきらめの気持ちさえわいてくるのです。

「指導に必要なのはそれだけじゃないだろう。もっと多面的な要素をもっているのが教育であり、生徒指導だろう」と叫びたいところですが、悲しいかな生徒指導担当の教師は、カウンセラーと議論するだけの理論や方法論を持ち合わせていないのです。また問題行動の対応に忙殺され、生徒指導が本来受け持っている子どもたちの心理的・社会的発達に対する目くばせがなおざりになってきたのも事実なのです。

これは、私たち教師が、指導のよりどころを経験と勘に頼り、多様な実践はあっても、それを理論的・方法論的にまとめることをしてこなかったためだと思います。これでは「教育だ」「生徒指導だ」と叫んでも、それだけのこと。説明しようにも、説得しようにも、手元には何もないのです。

ならば教師の職責にフィットした、生徒指導の指導法や指導理論をつくり上げるしかありません。そのために私はあえてカウンセリングを生かして生徒指導の考え方と技法を整理し、「だれにでもわかる、受け継ぐことのできる生徒指導」を再構築したいのです。

ただしカウンセリングといっても、治療・治癒ではなく教育・成長させるためのカウンセリングです。私の師であり本書監修者である國分康孝は、こうしたカウンセリングを本来の「カウンセリング」であると定義し、心理療法（サイコセラピー）と区別しています。

すなわち生い立ちを根ほり葉ほり調べて子どもの内面をじっと見ていくというイメージではなく、いま現在の子どものあり方や人間関係にあの手この手でアプローチしていくというものです。子どもの責任を追及したり、道徳的な要求をすることもあります。個人だけでなく集団にもかかわっていくのです。こうした活動のためには、受容・共感だけでなく、課題を与えたり、説明や助言をしたり、説得や対決をしたりといった能動的な技法の活用や、集団を動かしていく技術も必要になってきます。

カウンセリングによって、「なおす」領域と「育てる」領域のいずれについてもふれ、生徒指導を再生させることが本書のテーマです。

第一章は、本書の「概論」です。なぜ生徒指導にカウンセリング（広義）を活用することが必要なのか。カウンセリングによって生徒指導を再構成するとはどういうことなのかについて述べています。

第二章は、「なおす生徒指導」についてです。問題行動の対応にカウンセリングをどう活用したらいいのか、その考え方と実際について述べています。

第三章は、「育てる生徒指導」についてです。集団の中で生活し、学習する子どもたちの成長を促すためにカウンセリングがどう活用できるか、具体的な提案をしています。

終章は、「まとめ」の章です。生徒指導の再生が、現在の学校教育と教師にとってどんな意味があるかについて述べています。

ご一読いただいて、ご意見・ご感想をいただければ幸いです。

平成十五年初春

飯野哲朗

「なおす」生徒指導　「育てる」生徒指導／目次

第2章　「なおす」生徒指導に生かすカウンセリング……65

第1章

カウンセリングを生徒指導に生かす

「生徒指導をよみがえらせるにはどうするか」
「なぜ生徒指導にカウンセリングが必要なのか」
「生徒指導にカウンセリングを使うとはどうすることなのか」

この問いに答えるのが，本章のねらいです。

日本に心理療法をベースとしたカウンセリングが普及するにつれて，教育の中には「受容・共感」の思想が広まりました。いまや受容・共感は教師の基本姿勢と考えられています。

しかし一方で，受容・共感的であらねばならぬという風潮は，「行き過ぎた受容・共感」「不適切な受容・共感」を生んでいるようです。

心理療法的なカウンセリングの普及によって，「治療と教育の混同」「治癒と成長の混同」が起こり，子どもたちから成長のチャンスが奪われているようでなりません。

いま必要なのは，本来の生徒指導機能を取り戻すことです。

ところが，従来の生徒指導は，担当教師間の伝達によって受け継がれてきたものでした。指導方法についても，経験を重視して，理論的な押さえが不十分でした。

新しい生徒指導を考えるとき，経験を支える指導理論，指導方法を確立することが重要です。そのヒントがカウンセリングにあるのです。

カウンセリングの理論と方法論を活用して，従来の生徒指導の実践を検討し，「だれに対しても説明ができる生徒指導」「どの教師も受け継ぐことのできる生徒指導」として再生させることができるのです。

第1節　生徒指導のむずかしさ

「子どもたちが変わった」「いままでの指導が通らない」といわれる現在、問題を言葉にできないもどかしさや、よりどころがはっきりしない心もとなさが生徒指導に広がっています。最初に、一人の教師の話を通して、いまの生徒指導の現状と問題点を明らかにしていきたいと思います。

「いままでのやり方」が通用しない

田中さんは、私が以前勤務していた高校の生徒指導部の後輩で、教員生活十数年になるいわゆる中堅教師です。快活で開放的な人柄を発揮して、子どもたちと一緒になって学校生活を意欲的に送り、生徒指導部の推進役としてもがんばっていました。その田中さんから相談を受けたのです。その声は何やら沈んでいます。

「……やっかいなことはいくつかあるんですが、それが大変だということではないんです。……どうも子どもたちがつかめなくて。一緒に考えるとか、生活している実感がないんですよ。これから、どうしていったらいいのか……」と、たどたどしく語ります。

「子どもたちとは、比較的うまくいっていると思っていました。授業もホームルーム活動も、一人一人と深い話ができましたし、ワイワイ言いながらクラスのまとまりもありました。お互いがわかり合っている感じがあって、安心して教室にいることができたのです。子どもとのつきあい方、クラスの指導はこうすればいいんだとコツをつかんだ気がして、このまま続けていけば、教師としてずっとやっていける自信があったんです」

私は、「生徒指導の大変なところ」と言われている学校で、積極的に子どもたちの中に飛び込んでいった田中さんの姿を思い出し、「彼はよくやっていたよな」と思いながら話を聞きました。

「ところが、ここ数年、子どもたちとしっくりいかないんです。いままでのやり方が通用しないというか、反応が十分に返ってこないような……。子どもたちの中に入っていこうとするんですが、空回りしているようで。子どもの考えがつかめないし、私の考えも子どもたちにどの程度伝わっているのか手ごたえがなく、表面的な関係が続いていていて……」

このとき、「いままでのやり方」という言葉を聞いて思うところがありましたので、田中さんに聞いてみました。

『いままでのやり方』がどんな方法であったかと聞かれても、どう説明していいか……。子どもたちに声をかけて、みんなで一緒にワイワイやって、ディスカッションをしたり、冗談を言ったり、運動をしたり。何かあったら注意はしますが……。自分のやりやすいように、子どもたちが生き生きするようにやっていたということなのかな」

言葉では言い表しにくいが、体が経験的に理解しているというもので、説明しようとして、説明しきれないもどかしさがあるようでした。しかし、現在の状況が説明できないということは、現状を概念的・理論的に把握しているとは言えず、それをどう改善していくかを明確にしていくことは、むずかしいと言わざるをえません。

このような場合、少し前までは、日常的に先輩と後輩の間で議論が交わされていました。周りに相談できる先輩がいれば、「面接してみたんですが、うまくいきません。どうしたらいいのでしょう」などと相談して指導を受け、新たな方策を探って、実践を重ねていくこともできたはずです。ところが、田中さんがそうであるように、現在の学校の中では、こうした先輩と後輩間のやりとりは以前に比べて少なくなってきているようです。

田中さんの行き詰まっている状況には、田中さん個人の努力とは別に、いままでの教員間の指導方法の伝達の仕方や、現在の学校の教員集団のあり方など、いくつかの要素が関係しているようで、少し気の毒にも思えました。

カウンセリングと教育現場とのギャップ

田中さんは続けます。

「この数年、それまでと傾向の違う子どもたちと接して、いままでの自分の指導が自分の力だけではなく、子どもたちの力に負うところがあったんだなと痛感しているんです。私のいたらない部分を子どもたちが補ってくれていたんだとわかった気がします。ほんとうに偉かったのは子どもたちなんです。私は少々有頂天でのぼせ上がっていたようです」

こうした謙虚さ、子どもたちに対する人間的な信頼が、いまも彼の指導の中にあることを知って、私は安堵しました。そうでなかったら、子どもたちの「荒れ」はもっと違う形で現れていたはずです。

「そう考えると、自分は実はそんなにたいしたことは知らないんだなと思えてきました。それで、最近、カウンセリングの勉強を始めたんです」

田中さんの口から「カウンセリング」という言葉が出たので驚きました。以前はカウンセリングを敬遠している感じさえあったのです。

「私がカウンセリングに前向きでなかったのは、カウンセリングそのものが嫌だったというよりも、カウンセリングを主張する人の指導の仕方が受け入れられなかったからなんです。例えば、集会のとき、何かあると途中でも子どもを面接室に連れて行ってしまったり、遠足の途中で子どもと話し込んだあげくタクシーでみんなに追いついたり。いますべきことはそんなことではない、と思うことが多々ありました。その子のためにという発想はいいのですが、いつでもどこでも同じ調子で、現実的な判断として優先順位がおかしいと思うことがしょっちゅうでした。だからカウンセリングは好きではなかったのです」

「そのまま」では使えないカウンセリング

「じゃあ、なぜカウンセリングを学ぶことにしたの？」と尋ねると、

「生徒指導や教育相談の研修会に行くと、カウンセリングの話が出てきますよね。傾聴や自己開示とか、心理劇や内観法、認知行動療法とか現実療法なんかが話題になります。それを聞いていると、私たち教員がいままでやってきたことを、うまく整理しているように感じることがあるんです。生徒指導に基礎理論や技法があって、自分のやっていることを説明しろと言われたら、たぶんこんなものが役に立つのだろうと思ったんです。実際にカウンセリングを使っている人の中には、おかしな使い方をしていると感じることもはありますが、カウンセリングの理屈は役に立ちそうだと思うんです」

田中さんは、手当たり次第に、あちらこちらのカウンセリングの研修会に参加しているという雰囲気がありました。それだけ、切羽詰まっているようでした。

「でも、ワークショップなどに出てみると、傾聴はやはり傾聴だし、〇〇療法は〇〇療法のままで、それを自分の生徒指導にどう生かしていったらいいかまではよくわからないんです。では、やめればいいいじゃないかと言われそうですが、生徒指導を考えるうえで役に立ちそうなものは、ほかに見あたらないんです」

田中さんは「勘や経験をよりどころとしてきた生徒指導」に限界を感じ、「理論的な裏づけのある生徒指導」をめざそうとしているのです。ところが、よりどころと考えているカウンセリングはそのままでは使えそうにないし、かといってそれらしきものはほかには見つからず、いったいどう乗り切ったらいいのかわからずに、袋小路に入ってしまっているようでした。

田中さんの直面している問題は、現在の生徒指導が直面している問題でもあります。

一つは、実践を重視し、経験的・体験的に受け継がれてきた生徒指導のこれまでのあり方に対する問題です。さきに述べたように、生徒指導の現状を概念的・理論的に把握していなければ、改善法を明確にすることはむずかしいのです。

二つには、カウンセリングは、教育にとっては有効なようでいて、それをどう使っていったらいいのかはっきりしないという状況があります。現在のカウンセリングブームの中で、今後生徒指導はどういう方向に向かっていったらいいのか。田中さんはこうした生徒指導が直面している問題にそのままぶつかっていたようです。

第2節　これまでの生徒指導の問題点

多くの先生方が生徒指導に悩み、従来の生徒指導のあり方が問われています。従来の生徒指導とはどういうものだったかを振り返り、これからの課題を考えます。

体験第一の生徒指導

私が教員になったのは昭和五十年代の半ば。赴任した先は、伊豆半島にある小さな高等学校でした。若かった私は、子どもたちに正面から挑んでいくだけの無鉄砲な教師でした。生徒指導については、中堅の先輩教師が手取り足取り教えてくれました。「子どもとのふれあいに理屈はいらない。ぶつかっていくことで、ほんとうのものが見えてくるんだ」という調子で、体験的・経験的に生徒指導の実践力を身につけていき、理屈はよくわからないけれど、そこそこのことはできる教師になっていったのです。ですから、さきほどの田中さんが「『いままでのやり方』をどう説明していいか……」と言ったとき、私も自分の歩んできた道を振り返り、「たしかにそうなんだろうな」と思ったのです。

勘による生徒指導では、地域を納得させられない

以前の学校は地域にとって特別な存在で「学校とはこんな指導をするものです」と、学校の価値観を一方的に主張することが許されてきました。こうした状況では、「どう説明していいのか、わからない」という生徒指導でもよかったのかもしれません。

ところが、現在は、「開かれた学校」という言葉に代表されるように、地域における学校の位置づけが変わっています。地域の方から「学校はこういう方針で子どもたちを育ててください」「学校は地域のためにこんなことをしてください」などと、さまざまな意見や要望が寄せられ、ときには「先日の話の結果を報告してください」などと、説明を求められるようにもなりました。

「開かれた学校」とは、学校側からいうと学校を地域にオープンにしていくことになりますが、地域共同体の一員として学校が地域の要望に応えていくことでもあります。こうした状況にあっては、従来の経験的な勘によって行われてきた生徒指導では、地域の方た

ちを納得させられません。学校の指導について説得力を欠き、地域の方たちの賛同を得られないという状況も生まれてきそうです。

生徒指導の全体像を理論的に整理し、活字や口頭で説明できるようにすることは、現在の「開かれた学校時代」の要請ともいえるのです。

理屈抜きにたたき込まれた生徒指導法

生徒指導で私が心配していることは、先輩から口伝えで受け継がれていく生徒指導の「学習スタイル」にあります。

いま思うと、私が教師になったころは、ずいぶん乱暴な時代でした。例えば、窃盗問題を起こした生徒から事情を聞く場面では、机をたたく、どなる、まるで刑事ドラマのワンシーンのようでした。町はずれの作業小屋に夜な夜な生徒が現れると聞くと、生徒を待ちぶせる「はりこみ」などもやりました。

しかし、その指導法に自分が納得できなくても、初任の教師は先輩から言われたことを、理屈抜きに、とにかくやらなければならなかったのです。そのころの私は、「教師っていったい何なんだ。授業をやればいいんじゃなかったの」とつぶやくこともありました。

もちろんそれなりの配慮はあり、どうしようもなくなったときには、先輩が飛び出してきて助けてくれました。一仕事終えると、お互いの労をねぎらい、夜遅くまで議論を交わし、その指導の意義と必要性、先輩の配慮や悩みをもだんだんと理解していきました。

こうした信頼関係に支えられて、厳しい生徒指導の伝達が行われていき、数年後には自分が初任の教師をにらみつけ、生徒指導の実際を教える役になっていったのです。

このときの生徒指導のスタイルで評価できた点は、先輩の指導によって教師間の連携が強固なものとなり、まとまった組織が形づくられたということです。

しかし、このような指導の仕方を受け入れられない教師は、学校の中では生徒指導的な仕事にタッチしなくなりました。結果的に、学校には、生徒指導にかかわる教師とかかわらない教師とが生じ、分化した教師集団をつくり上げることになったのも事実です。それでも当時の勤務校には、この態勢を維持していくことにメリットがあったようです。それだけ学校の「荒れ」も厳しかったわけです。

しかし、こうした徒弟制度にも似た、実践重視の経験的・体験的な伝達の方法が現在も可能かといえば、やはりそれは前時代的であると言わざるをえません。生徒指導は実践が大切だという考え方は受け入れやすいでしょうが、私が体験したように、理不尽さを乗り越えて、はじめてその意義が理解できるような伝達方法では、人権などの意識の高まった現代にあって、生徒指導を維持していくことはむずかしいでしょう。

活字や口頭の説明によって、生徒指導の多くの部分が伝達できるように、生徒指導の理論を整理することが必要になっているのです。

融合しない教育相談と生徒指導

生徒指導の一般的なイメージは、「服装の乱れは心の乱れだ」とばかりに、生徒の外形を指導していくものです。「しなさい」「やめなさい」といった禁止や命令口調で注意や説論をしたり、少しきつくなると、「これができないなら、放課後、美化活動をしなさい」などと罰を与えるものでした。とにかく、能動的・外圧的に子どもに向かい、教師の価値判断によって、一方的に子どもたちに改善を求めていくという傾向がありました。

このようななかで私が生徒指導のできる教師をめざして先輩の指導を受けていたころ、

「もう少し子どもたちの身になって考えてほしい。子どもたちの人格や人権を認めながら、一人の対等な人間として接していってはどうだ」と主張する教師がいました。

問題を起こした生徒の退学を巡って、職員会議が行われたときのことです。彼は、その生徒の生い立ちや現在の家庭状況、友人関係について話し始めました。

「その子の状況に応じた指導が十分になされていたのか。どんな生徒に対しても同じように、画一的な指導がなされてはいなかったか。それではこの生徒はよくならない。学校の指導不足があるのに退学とはおかしい」という主張をしたのです。

初めてその話を聞いたときには、「なるほど」と感心しました。しかし、生徒指導会議のたびに同じ主張が繰り返されると、観念的で具体策にとぼしく、画一的な主張だなという感じがしてきました。その先輩の主張は、生徒指導に関する新しい潮流で、心理学やカウンセリングをベースにした「教育相談」と呼ばれるものでした。

生徒指導は、教育相談の出現で、方向性を修正するかのようにみえましたが、現状は必ずしもそうではなかったのです。生徒指導は教育相談を受け入れながらも、二つを融合した新たな活動として展開されるにはいたっていません。教育相談は教育相談で、ほかの活動との融合を拒んでいるかのように、いまだに独自の主張を繰り返しているのです。

いまこそ、個人的な主義主張を超えるとき

私は、生徒指導は、従来の形から姿を変えるべきだと感じています。

すでにお話ししたように、第一に、生徒指導の受け継ぎ方の問題があります。現在の教師集団の様子からは、従来の体験的であり徒弟制度にも似た伝達方法をいつまでも維持していくことはむずかしいでしょう。

第二に、生徒指導の大まかな方針は説明できるにせよ、細部の指導方針や方法論になると、教師の指導の一つ一つが、「こうした考え方から、こんな方法で行われています」という説明がしにくいことがあげられます。

第三に、生徒指導の一部としての教育相談の活動との連携・融合が十分に図られていないことがあげられます。

以上のような生徒指導が現在抱えている課題の解決は、第三にあげた教育相談との連携・融合をどう行うかにかかっていると思います。しかし、現在の教育相談をそのまま生徒指

導の活動に置き換えることはむずかしいのです。

また、教育相談の主張の一部には、生徒指導と大きな距離があります。「心理学が大切だ」「カウンセリングこそ教育である」という個人的な思い込みが、生徒指導との融合をむずかしくしているようです。しかしいま、個人的な主義主張を超えて、教育や生徒指導が何をどのように必要としているのかを、本気で考えなければならない時期がきたのです。

第3節　カウンセリングは万能ではない

カウンセリングを教育に取り入れることは必要ですが、無条件にカウンセリングこそが教育であると主張するのは危険です。

さきにお話しした田中さんがこんなことを言っていました。

「カウンセリングの研修会に行くと、自分は教師というよりもカウンセラーでいたいという人がいます。心の問題を解くのはカウンセラーで、教師よりも上位の存在であるということを言うんです。でも、教師がカウンセラーになってどうするんでしょうね。教師が研修しているんですから、カウンセラーになるんじゃなくて、よい教師になることが目的ではないかと思うんですが……」

私自身もカウンセリング関係の研修会に行くことがありますし、カウンセリングが普及することは、よいことだと考えています。ただ、田中さんの言うように、「人の心はカウンセラーでなければ解けない」「教師よりもカウンセラーのほうが優れている」という、カウンセリング崇拝、カウンセリング万能の風潮が生まれつつあるのは心配です。

なぜなら教師がカウンセラーになろうとしたなら、心理学やカウンセリングなどの枠組みや条件の中でのみ子どもたちに接することになり、教師の仕事の一部を放棄していることになってしまうからです。子どもたちを部分的に見つめたり、ある側面を拡大して考えたり、逆にある側面に目をつぶることになってしまうのです。

それでも、田中さんが「生徒指導に基礎理論や技法があって、自分のやっていることを説明しろといわれたら、たぶんこんなものが役に立つのだろう」と言ったように、カウンセリングには、生徒指導を発展させる可能性が感じられます。

結論として、カウンセリングによって生徒指導が変わるためには、カウンセリングを教育的に活用したり、教育的なものに変えたりしていくことが必要なのです。

そこでまず、生徒指導にそのまま持ち込むと混乱を招くカウンセリングの特徴を整理しておきます。第一はカウンセリングが成立する条件、第二はカウンセリングのベースである「受容・共感」です。

カウンセリングは条件が整ってはじめてうまくいく

生徒指導にそのまま持ち込むと混乱を招くカウンセリングの特徴は、第一に、カウンセリングは条件が整ってはじめて効果を発揮するということです。

カウンセリングの基礎となっているロジャーズの来談者中心療法では、傾聴を大切にしています。「なるほど」とうなづいたり、「そうなんだ」と相づちをうったり、「友達がねぇ」とキーワードを繰り返したりしながら、相手の話を聴いていきます。そのうちに相談した人が自分で「そうか、そう考えればいいんだ」と結論を出していくのです。

カウンセリングは「①問題を抱えた人が自分の問題を解きたいという目的をもって」、「②問題を解くことを専門とするカウンセラーのところへ」やってきて、自分の問題について語ります。「③カウンセリングルームという非日常的な空間」で、カウンセラーは相談者の日常の問題についての話を聴くのです。こうした条件が整うと、カウンセリングはそれなりの効果を発揮することになります。逆に言うと、条件が整わないときには、カウンセリングは十分な効果を上げにくいのです。

いっぽう教師は、自分の問題を解きたいという目的意識（動機づけ）が乏しい子どもたちを同時に多数相手にします。カウンセラーのように五十分で解放されるというわけにはいかない状況で終日過ごすわけです。

カウンセリングを生かした生徒指導は、カウンセリングとは別ものです。カウンセリングルームに限らず、教室や廊下や運動場で大勢の子どもを対象に、柔軟に、簡単明瞭に、あるいはほかの子どもを援助しながら、一人の子どもの話を聞くという作業をするのです。理屈どおりにいかない場面の連続に対応できる、知識とスキルが必要になるのです。

さて、田中さんの話にあった、集会の途中でも生徒を面接室に連れて行ったり、遠足の途中でも集団と離れたところで生徒と二人きりで話をしていた教師は、カウンセリングが成立する条件をよく知っていたのです。しかし、この条件をそのまま日常の生徒指導にもってようとするのは現実的な対応とはいえません。

生徒指導は条件を整えられない

カウンセリングが、「非日常的なカウンセリングルームの中で、日常の問題について考える」のに対して、生徒指導は、「日常の生活の中で、そのまま日常の問題を考える」ものです。「考える」だけではなく、生徒指導では「判断し、決定し、行動に移していく」というところまでをカバーします。現実的な意識や対応、具体的な行動という要素が強いのです。

また、狭義のカウンセリングでは、子どもたち個人の内面を追求することがおもな目的になりやすいのに比べて、生徒指導では、人とのかかわりの中で生きている「社会的な存在」としての子どもたちの姿に注目します。社会的な責任を果たすための指導・援助をし、その過程で子どもたちの人間的な成長を図っていこうと考えているのです。

さらに、生徒指導には、子ども自身が「問題である」と感じていなくても、教師が問題と感じていることを解決させていくという活動があります。この場合、子ども本人の動機づけが乏しいことが一般です。もちろん、カウンセリングルームの中だけの活動にとどまりません。教室やグランドなど、学校教育のほとんどすべての場面で行われるものです。

生徒指導でカウンセリングを使おうとすると、カウンセリングルームの中の一対一の面接形態とは違って、個人、グループ、集団など、状況に応じて形態が変わってきます。枠組みがあるようなないような、複雑な条件があって、単純に理論化ができないのです。こうしたむずかしさが生徒指導にはあります。ここのところを意識しておかないと、カウンセリングは万能であって、どんなときにもどんな問題にもすぐに役に立つと思い込んでしまい、カウンセリングがまるで生徒指導にすぐにでも取って代わることができるような錯覚に陥ってしまうのです。

成長のチャンスを奪う「受容・共感」

生徒指導にそのまま持ち込むと混乱を招くカウンセリングの特徴の第二は、カウンセリングのベースである「受容・共感」に関する問題です。

その子の立場に立って気持ちを理解するという「受容・共感的な態度や接し方」は、カウンセリングの世界にとどまらず、教育の基本姿勢になっています。その大切さを十分理解したうえで、私は、受容・共感的な態度や接し方がいつも有効であるとは限らないと言いたいと思います。もし、何の反省もなく、受容・共感的に接し続けたとしたら、ときには子どもたちから成長のチャンスを奪ってしまうこともあるのです。

例えば、ある小学校での話です。

ノートの点検をしてもらうために子どもたちが担任の前に並んでいると、Sさんが平然と割り込んできました。担任が観察していると、ほかのときにも同じような態度です。Sさんはいつも当然のように振る舞うので、友達は勢いに押されてSさんの主張を認めていたのです。担任が「このままでは困るな」と思っていた矢先、Sさんと友達の間でトラブルが起きてしまいました。

担任は聞き取りや観察から、幼いころから受容・共感的な接し方を受け続けるうちに、Sさんの中で「周囲の人は私のことを考えてくれるものだ」という感覚が生まれ、それが「周囲の人は私の事情を理解しなければならない。私を優先しなくてはならない」という感覚に変わり定着していったと理解しました。

たしかに判断力のない幼児期から、いつでもどこでも、「そうだったんだ。だからそうしたのね」などと受容・共感的な態度や接し方によって、「あなたの気持ちを聞くよ」「あなたを中心にものごとを考えていくよ」というメッセージが送り続けられていくと、子どもの内面では「周囲の人は自分のことを中心に考えて、優先してくれるのが当然だ」というような感覚が定着していくことがあるのです。

この場合、受容・共感的な態度や接し方は、結果としてSさんを自己中心的でわがままな存在に育てていったことになります。Sさんの行動は周囲の人には不愉快なのだということが伝えられないままになってきたのです。受容・共感的な態度や接し方が、Sさんから成長のチャンスを奪ってしまったといえるでしょう。

このような失敗はしばしば見受けられます。なぜなのでしょうか。

現実の世界は、受容・共感的な場面ばかりではなく、人の無理解の中で、我慢したり、人に譲ったり、発言を控えたりしながら生活することがあります。人はそうした現実の姿を理解していかなければならないという点が、周りの大人たちに欠落していたのです。

大人が受容・共感的な態度や接し方をされたからといって、Sさんのようになることは少ないものです。受容・共感的な態度や接し方にふれると、人のやさしさや慈しみの気持ちを感じ取り、その意味に気づき、自分もそうありたいと思うようになるでしょう。それは、日常の生活の中で自分がいつも人に受け入れられたり、人を受け入れたりする場面ばかりではないという、現実の厳しさや理不尽さを知っているからです。

受容・共感的な態度や接し方はそれをどういう人に対して、どういうときに、どんな条件のもとで使うかによって、その人を慈しみのある人に成長させることもあれば、自己中心的な人にしてしまうこともあるのです。

受容だけでは問題行動に気づかせられない

学校では、受容・共感的な態度や接し方が教師の基本姿勢として尊重されています。しかしそれが必ずしも適切に行われているわけではありません。

例えば、殴り合いのけんかやいじめ、物を壊している場面など、明らかにその場で注意を与えて、強制的にやめさせなければならないことがあります。この場合、まず行為をやめさせ、教師の判断を毅然とした態度で示し、子ども自身の行為の問題点と責任を自覚させることが必要です。

具体的なやり方は教師によって異なります。子どもの体をつかんで強制的に行いをやめさせる教師（緊急事態ではこうしたことも必要です）、「何やってるんだ！」と一喝する教師、「どうしたの」とじんわりと迫っていく教師などがいるでしょう。その行為の程度にもよりますが、行為をやめさせることが大切ですから、ここはそれぞれの教師がやりやすい形で行います。問題は、その次の指導です。

子どもが「こいつが俺のことをバカと言ったんで、蹴りを入れてやったんだ」と相手の発言や態度、行為が自分にとってどれほど不快であったかを語り続けるのに対して、教師が「そう。A君があなたをバカって言ってからかったの。あなたはそれがとっても不愉快だった。だから足で蹴ったのね」などと、問題行動のある子どもの主張を受容・共感して先に進もうとしないと、適切な指導ができないのです。

こうなると大変です。子どもには「受容」が「支持」の意味をもってきます。「この先生は自分の言い分を認めている」ということになってしまい、「悪いのはあいつだ」という主張が正当化されてしまうのです。

理想の追求と現実の問題解決を見きわめる

こうした対応をする教師の中には、厳しさを発揮できない言い訳として、受容・共感的な態度や接し方で子どもたちに対応している教師がいます。この場合、その教師は自らの問題点を知っていて、そうできない自分を責め続けています。

むずかしいのは、受容・共感的な態度や接し方によって、その行為の問題点を子どもが自分で気づいてほしい、理解してほしいという信念をもっている教師です。この考えは、方法論として考えると可能性はあります。例えば、その子が部分的に理解している内容をつなげるようにして、別のある結論を導き出すという方法は、理屈としては可能です。その場合には、受容・共感的な態度や接し方を続けて、子どもから倫理観や価値観にかかわる適切な判断が引き出せるという予測が必要です。

しかし、他罰的な傾向をもち、社会的な常識やルール、価値観や道徳観が十分に身についていない子どもから、適切な判断を導き出すことは実際にはむずかしく、できたとしてもかなりの時間を要することになります。現実的な指導とは言いにくいかもしれません。

この場合、理念と、実際の活用の有効性に対する理解が不十分であるということが指摘できます。受容・共感的な態度や接し方の理念自体は、教育的に崇高ともいえるもので、何より魅力的です。ですから、理想に生きる教師ほど、理念の崇高さに埋没して、ときとして、実践における有効性を考える現実的な判断力を失ってしまうことがあります。

「子どもを受け入れるとき」「子どもの内面から考えを引き出すとき」と、「子どもに教えるとき」「無理にでもやってもらうとき」の区別をして現実的な判断をすることが必要なのではないでしょうか。「理想を追求して現実を見ることに乏しい受容・共感的な態度や接し方が学校にはないだろうか」と問いかけたいと思います。

治療と教育、治癒と成長の区別をする

では、受容・共感的な態度を教育や生徒指導でどのように活用すればよいのでしょう。私は子どもを成長させるという視点から、有効性を再検討することが必要だと思います。

歴史を振り返ると、カウンセリングは、①進路指導、②心理測定、③メンタルヘルスの三つの運動が合流してできた援助法です。もともとは予防・開発的なものでした。ところ

が、日本の場合はロジャーズ理論（治療と教育の識別がない）の導入や心理療法の専門家によるスクールカウンセリング事業がきっかけで、「治療」と「教育」の識別があいまいにされたまま議論されることがあるようです。

そこで私は「治療と教育の区別」「治癒と成長の区別」をつけようと提案したいのです。同じ成長という言葉を使っても、治療と教育では、例えばけがに対して手術をすることと、大丈夫かと声をかけ手でさすることと同じくらいに、その具体的な姿は異なっています。

このあたりのお話しをすると、「あなたが言っているのは、本来の受容・共感的な態度や接し方ではない。本来の接し方であれば、Sさんのようなわがままな人にはならない」という反論が聞こえてきそうです。実は私もそう思うことがあります。

しかし、あえて私がこう述べるのは、カウンセリングや心理療法の専門家と言われる人たちの主張する「本来の受容・共感的な態度や接し方」が、それ以外のさまざまな場面に定着するのか、という疑問があるからです。

受容・共感の理念が日本に紹介されて数十年がたちます。にもかかわらず「ほんとうの受容・共感は……」という議論が続いているようでは、もともと受容・共感が多くの人たちに理解され定着するということ自体に無理があったということではないでしょうか。理想的な受容・共感の姿と、現実に理解される受容・共感の姿は、そう簡単に一致するものではなさそうです。教師による子どもたちへの接し方を考えるとき、「理想的な受容・共感をすれば、それで十分にたりる」といって受容・共感を強調し続けても、この議論はあまり生産的なものにはならないように思います。

子どもたちと共に現実に生きる

さて、私がさきに田中さんのお話をしたのは、彼が教師としてのアイデンティティーをしっかりともっていると感じたからです。「教師がカウンセラーになってしまってどうするんでしょうかね。教師が研修しているんですから、カウンセラーになるんじゃなくて、よい教師になることが目的ではないかと思うんですが……」と彼は言っていました。

私は二十年近くカウンセリング・教育相談と生徒指導の議論をみてきました。そして、この議論の根底には、「教育とは何か」「教師の専門性とは何か」「そもそも人間とはどんな存在か」という、曖昧な個人的な信念に従った、決着のつかない混乱が続いていると感じています。田中さんは、そこをひょいと飛び越えているのです。そうした個人的なこだわりから抜け出せない議論を置き去りにして、教師として目の前にある現実に生きようとする潔さがあります。

「教師として、子どもたちと共に現実に生きる決心」――これが、多くのことを解決するカギなのかもしれません。

第4節　カウンセリングで生徒指導を変える

以上のように、生徒指導には問題点が、カウンセリングには限界があり、それぞれの立場が独自性を主張したままでは、生徒指導の機能は回復できません。いま必要なことは、教師の指導がだれにでも理解できるように、指導の目的や意味やよりどころをきちんと言葉にすることなのです。

カウンセリングは、教師の立ち居振る舞いが「どういう目的のもとに、どういう理論や方法論が選択されて行われたものであるか」を整理するのに生かすことができます。保護者や同僚、子どもに対しても指導を明確に説明できるようになるだけではなく、行うべき指導の幅が広がり、指導の見通しを思い描くことができるようになるのです。

指導の意味を客観的に整理する

カウンセリングを生かして生徒指導を整理する第一の視点は、日常の指導の意味を整理することです。子どもたちのいまを、教師が「感じ取り」、カウンセリングの理論や方法論を使って「読み取り」、適切な理論と方法論とを活用して「働きかける」のです。注意・説諭を行う二つの事例で、日常の指導の意味を整理することについて説明します。

①「面接技法連続表」で能動・受身の観点からとらえる

例えば、小学生のＥさんが、先生の前に並んでいるＤさんを飛び越えて、先生のところへ来たとします。このとき、「Ｅさん。割り込みはだめよ。並び直しなさい」という注意の仕方と、「Ｅさん。先生は、いま、Ｄさんの寂しそうな顔が気になっているの。先生は、Ｄさんが終わるまでＥさんに待っていてほしかったなって、少し残念に思っているのよ」という注意の仕方との区別がつくか、違いを説明できるかということです。

前者は、「禁止・命令」によって、集団のルールを直接に提示する形をとっています。集団のルールを教える、守らせることが直接の目的です。後者は「自己開示」によって、集団の約束事を直接に教えるというよりも、そのルールが内面で生きている教師の思いや感情を伝えることが直接の目的となっています。結果的に子どもたちは、教師の考え方や感情の吐露から、集団における友達への配慮の仕方やルールを学んでいくのです。

これは教師の行う注意を、カウンセリングの技法として分類したものです。このように、二つの指導方法の違いを読み取ることができるとしたら、その教師は自分の指導の意味を意識しながら注意することができるようになります。

こうした、日常のなにげない活動を理論的に押さえるためには、「面接技法連続表」が参考になります。この表は、さまざまなカウンセリングで使用される技法を、受身的なものから能動的なものまでを連続的に並べて示しています。図を見ていただくとわかりやすいと思います。受身的なものはいわゆる傾聴技法で、能動的なものとなると自己開示や論理的帰結法、指示や対決法などが示されています。

こうした技法は、生徒指導でも同じものが使用されているので、それぞれの技法をトレーニングしておくと、生徒指導のそれぞれの場面を読み取ることにおいて、客観性が高まります。ほかの人にも自分の行動の意味を説明できますし、説明を受けた人は、理屈として理解することができます。

◆面接技法連続表◆

（アレン・E・アイビイの技法連続表に示唆された國分康孝案）

能　動　的

- 契約履行
- 対　　決
- 契　　約
- 説　　得
- ケースワーク（環境調整）
- 指示（課題・読書・現実体験）
- 論理的帰結法
- 自己開示（体験談，感情，思想）
- フィードバック
- 助言，アドバイス
- 解　　釈
- 教　　示（インストラクション）
- 情報提供
- 中間三技法：
  - 焦点合わせ
  - 閉ざされた質問
  - 開かれた質問
- 支持
- 明確化（感情の反射・意味の反射）
- 繰り返し（言い換え）（内容の反射）
- 受容・単語の繰り返し・うながし
- 非言語的表現

受　身　的

國分康孝『カウンセラーのための６章』誠信書房
P34より

②ロールプレイングなど各種技法を活用して受け継げるものにする

私が高校の教師をしていたときのことです。学年集会が始まる前、私は、教室にいる生徒に、「集会が始まるぞ。体育館に移動だよ」と声をかけながら廊下を歩いていました。するると教室にC君の姿がありました。窓枠に寄りかかり、隣の列のいすに足を投げだして座っています。学生服のボタンをはずし、ノートをうちわ代わりに涼んでいる様子です。

私が「どうした？　集会があるぞ」と廊下から声をかけると、「うるせぇんだよ」と、大きな声が返ってきました。何か言おうとする私の言葉を遮るように、「ぎゃー、ぎゃー、ぎゃー、ぎゃー。うるせぇんだよ。行きゃーいいんだろ、行きゃー。そこで待ってろ」。言い終わってもC君は相変わらずノートで風を送っていました。しかし見たかぎりでは、C君はだらしない感じはありましたが、ひどく荒《すさ》んでいる感じはありませんでした。

私は教室に入り、窓際のC君の近くの席に座り、ネクタイをゆるめ、ワイシャツのボタンをはずし、同じ調子で、「ぎゃー、ぎゃー、ぎゃー、ぎゃー。うるせぇんだよ。行きゃーいいんだろ、行きゃー。そこで待ってろ」と、C君の言葉を繰り返しました。そして、同じように、横にあったノートをうちわ代わりにして、風を送りはじめました。

Ｃ君は奇妙な顔をして私を見ています。Ｃ君のノートは止まっていました。立ち上がったＣ君が教室を出ようとしたとき、私は「待ちなさい」とＣ君をとどめ、教室の入り口の、私が声をかけた場所に立つように指示しました。私はＣ君のいた場所にＣ君と同じように座り、もう一度、Ｃ君の言葉（「ぎゃー、ぎゃー……」）を繰り返し、「どんなふうに見える？」と質問しました。Ｃ君はひとこと、「わかったよ」と答えました。「頼むよ」という言葉が私の返答でした。Ｃ君は駆け足で体育館に向かって行きました。

さて、Ｃ君の指導は、どう説明できるでしょう。Ｃ君に「うるせぇんだよ」と言われて、私がそのときの不愉快な感情をぶつけていたら、「なんだ。その言葉は！」とけんか腰になっていたかもしれません。また、「やめなさい」「向こうに行きなさい」などという禁止や命令の言葉を使うことで生徒がさらに興奮することがあります。

このＣ君への指導はロールプレイングの「鏡映法（ミラー）」を利用しています。鏡映法を使うメリットの一つ目は、生徒に自分の行為を第三者の視点から見る場面をつくり、自分の行為を客観的に見つめさせることにあります。メリットの二つ目は、禁止や命令に関する言葉を極力使わずに指導を展開することができるという点です。

これを、「面白いアイデアですね」と言って片づけてしまえば、ある個人が偶然に思いついた指導であって、一回限りの特殊な指導として処理されてしまうでしょう。しかし、その指導が「ロールプレイングの鏡映法の活用である」とわかれば、一つの指導形態として説明でき、その指導を受け継いでいくことが可能になります。次に使う人は、鏡映法の効果を意識しながら、指導に生かしていくことができるのです。

こうした行動的・能動的な指導を考えるには、ロールプレイングや心理劇などの技法を理解しておくと役に立ちます。例えば、役割交換法、ミラー、ダブル、自我分割法、ソーシャルアトムなどのトレーニングを積んでおくとよいでしょう。

以上二つの事例は、教師の日常の指導の一つ一つの意味づけを明確にするというものです。その指導について、どういう目標に向かって、どの理論と技法が選択されていったかを、客観的に整理していくものです。何より自分一人の思いつきや勘ではなく、多くの先人たちによって積み上げられてきた理論や方法論をよりどころとして指導を行っているという意識が生まれます。そのことにより、教師は自分の行動を冷静に見つめ、いま行っている指導を今後どう展開してよいかという見通しを立てることもできるようになります。

◆ロールプレイングの技法◆

①役割交換法（ロールリバーサル）

自分が相手に相手が自分になりきって，役割を交代して，話したり動いたりする。言動だけでなく内面の思いをも類推して表現すると，お互いの本来の姿が現れる。互いの視点や感じ方に変化が起こってくる方法。

②ミラー（鏡映法）

相手のしぐさや言葉など，立ち居振る舞いを相手の前でそっくりまねて演技してみせる。相手は自分自身の立ち居振る舞いをまのあたりにすることになり，自分の状態，思いや気持ちにあらためて気づき，はっとさせられる。

③ダブル（二重自我法）

学校では，教師が子どもに寄り添うようにして一緒に動きながら，子どもの迷っている気持ちの一方を強調してつぶやいたり，子ども自身のはっきりしていない気持ちや決心を表現したりする。子どもの気持ちを整理したり，気づきを促したりすることになる。

④自我分割法（含エンプティーチェアー）

子どもに葛藤があるとき，例えばクラスメイトに「そうしたい自分」と「そうしたくない自分」の役になってもらって，本人の前で会話を交わしてもらう。本人は自分の心の中の葛藤を視覚的に確認することになり，自分を客観的にとらえられるようになる。

また，２つのいすを対面させて準備し，片方のいすに座ったときには「そうしたい自分」，もう一方のいすに座ったときには「そうしたくない自分」になって，子どもが１人で２つのいすを行き来して会話をしていくという方法があり，これをエンプティーチェアーという。

⑤ソーシャルアトム

自分の人間関係をいすを使って表現する方法。関係の遠い人のいすは自分から遠くに，親しい人のいすは自分の近くに位置させる。また，自分のほうにその人の意識が向いているとか，自分に背を向けているなどと，その位置におけるいすの向きを指定して表す。これも自分とその人との関係を距離と向きで視覚的に表現することになるので，自分の周りの人間関係を客観的にとらえることができる。位置と向きを指定したいすに，だれかに座ってもらうと，もっと具体的に状況が把握できる。

⑥その他：理想の実現，未来投影，独白，物の使用など

参考文献：『ロールプレイング入門』金子賢　学事出版／『臨床心理劇入門』台利夫　ブレーン出版／『心理劇とその世界』増野肇　金剛出版　など

ところで、これは「理論や方法論を優先せよ」「理論や方法論から出発せよ」と言っているのではありません。教師の出発点は子どもの現状です。大切なことは、実践や現状を強調するあまり、理論や方法論を軽視してはいけないということです。

一連の生徒指導の展開をデザインする

カウンセリングを生かして生徒指導を整理する第二の視点は、一連の生徒指導の展開をカウンセリングの理論や方法論を活用してデザインするということです。

私たちはある問題行動が起こると、「この状況には、以前に行った、こんな指導がよいだろう」と、経験や勘をよりどころとして指導計画を立てます。それを、カウンセリングの理論や方法論も活用して、「この状況を、こう解釈して、こんな指導目標を設定しよう。その指導目標を達成するために、この理論に従ってこういう方法論で指導にあたろう」というように、理論的に説明ができる指導計画をつくり上げて、いつ、どこで、だれが、どんなことをするかを明確にしていこうとすることです。

例えば、生徒がある生徒を「生意気だ」と言って殴り、それがあまりにも一方的でわがままな行為であったとしましょう。その生徒の自己中心的な面を意識させ、それを少しでも解消させることが指導目標になったとします。指導目標達成のための方法として、カウンセリングを活用するとどんな活動が考えられるでしょう。

この場合、利用できる理論や方法論の候補として、来談者中心療法の傾聴技法、ロールプレイングの役割交換法、ゲシュタルト療法や構成的グループエンカウンターで使うホットシート、実存主義的なカウンセリングなどで活用される対決法などが考えられます。

来談者中心療法の傾聴技法を活用する場合は、子どもにある程度の反省力や洞察力が備わっていることが条件となります。教師が傾聴技法で対応し、子どもの洞察が進み、自分自身で自分の行為の問題点に気づいていくという展開が予測できることがポイントです。

ロールプレイングの役割交換法を活用する場合は、子どもが、理屈や会話を通して考えるというよりも、体を動かして問題場面を模擬的に再現したり、動きの中で自分のことを表現したり、動きながら自分について考えたりすることに抵抗がないことが条件となります。動きながら、場面を変化させていきながら、問題行動に対する体感や実感のある理解が生まれてくるという展開が予測できることがポイントです。

ゲシュタルト療法や構成的グループエンカウンターで使うホットシートを活用する場合は、子どもにある程度の耐性が備わっていることが条件となります。クラスメイトや教師から指導対象となる子どものよい点や改善点を聞き、それをその子どもに提示するという方法がとられるので、友達の気持ちや周囲の人の自分に対する評価を示すことで、自分自身のあり方に気づいていくという展開が予測できるのがポイントです。ホットシートも対決法の一種ですが、実存主義的なカウンセリングなどで活用される対決法の場合には、ホットシート同様、指導対象の生徒にある程度の耐性が備わっていることが条件となります。

対決法では、教師が事実を提示したり、矛盾を指摘したり、自己開示したりしながら、指導対象の子どもに友達の気持ちや周囲の人の評価などを理解させていきます。子どもの受け入れられるレベルを考え、同じ対決でも教師が徐々に自己開示しながら理解させていくとか、事実を提示するにしても、重要度の低い事柄から始めて徐々に重要度の高い事実の提示を行っていくなどの調整が可能です。能動的な面接によって、自分自身の客観的なあり方に気づいていくという展開が予測できることがポイントです。

もちろん、指導の選択、決定には子どもの状況と教師の性格など、さまざまな要因が関係してきて、それらを加味しなければなりません。

しかし、少なくとも前記のようなさまざま方法から一つの方法が選択されて、それに従って指導が行われていくとすれば、生徒指導の形は現在のイメージとは違ったものになるでしょう。さまざまなカウンセリングの理論や方法論を生徒指導の目標に応じて活用していくのですから、同じ目標の指導であっても、問題の質や生徒の実態に応じて異なった展開が可能なはずです。指導の可能性がそれだけ広がっていくということでもあります。

複数のカウンセリング理論が必要

簡単にいくつかふれましたが、カウンセリングの理論や技法にはいろいろな種類があります。詳しくは二・三章で説明しますが、私はその一つを習得するのではなく、複数の理論や方法論を理解しておくことが必要だと考えています。それこそが生徒指導にカウンセリングを生かすカギなのです。

①それぞれの子どもに合った方法を提示できる

私のカウンセリングの出発は来談者中心療法でした。しかし、私は子どもたちの面接を行いながら、この理論と技法が「どんな場合にも子どもたちのためになっているのだろうか」という疑問をもっていました。それは、ひたすら聴くことによって子どもの成長が促され、問題が解決されていくとは言うものの、人間が成長していくために必要な倫理観、社会性、生活習慣などを十分に身につけていない子どもにとって、こうした傾聴の体験がどれほどの意味をもつのかという疑問でした。

この疑問は、「私の『傾聴』が未熟なために起こってくるのか」、それとも「このやり方自体が特定の子どもたちには効果がないのか」、ほかによりどころのない私は、そんなことを考えながらひたすら聴く面接を行っていました。

そんなとき、ある生徒が友人関係で不愉快な思いをしたと言って相談室にやってきました。私はその生徒が友達への配慮に欠けているように思いましたので、その理由を説明しました。彼は私の考えを参考にして、友達との関係を考え直してくれました。

また、あるとき、性格に悩んでいるという生徒が相談室に来ました。話を聞いて、私は生徒の性格傾向が全体のどのレベルにあるかを知らせたほうがよいと思いましたので、YG性格検査を行いました。結局、この生徒は自分の性格が特別なものではないと知り、落ち着いて自分自身を見つめることができるようになりました。

これらを傾聴技法だけで進めていくと、解決までにはもう少し時間を費やさなければならなかったと思います。ところが、教師が説明したり、性格検査を行ったりすることで、一回の面接で解決する例があることを実感しました。さらに作業や検査などで対応することが適している子どももいるでしょう。作業や検査では、その場では、質問に答えるとか、データーを集計するとか、絵を描くなどの作業目標が設定できるので、子どもは問題の解決に向かって、無理なく取り組んでいくことができるのです。

傾聴技法以外のいくつかの方法で子どもたちが問題を解決していく姿を見て、子どもの抱えている問題の質や子どもの性格、置かれている環境などを考慮して、子どもが無理なく取り組んでいくことのできる方法を提示することの必要性を感じました。

②かかわりやすい方法を選択できる

複数のカウンセリング理論の必要性を、次は教師の立場から考えてみます。

仮に、指導を傾聴技法のみで行おうとすると、その方法になじめない教師は、指導にかかわることができなくなってしまいます。この場合、生徒指導を担当する教師と生徒指導にかかわらない教師とが明確に区別され、分化された教師集団となってしまいます。ところが、生徒指導に複数の指導方法が利用されると、その子どもにとって可能性のあるいくつかの方法の中から、教師がかかわりやすい方法を選択することができることになります。複数の教師で役割を分担して、指導にあたることができる場合もあります。

例えば、ロールプレイングを使った指導では、面接によってロールプレイングへの動機づけを行う人、ロールプレイングの監督をやる人、配役として協力する人、教科担任やクラスメイトに協力を働きかける人、ロールプレイング後の面接を担当する人などと、分担された役割に応じて教師が行動することができます。教師の中には、ロールプレイング自体は苦手とする人がいるでしょうが、自分が指導の中心になるのではなく、自分にとって可能な役割を探し、部分的に指導にかかわっていくことができるわけです。

カウンセリングを使った生徒指導はこう変わる

カウンセリングの理論や方法を活用した生徒指導とは、教師が、よりどころとなる複数の理論や方法論をもっているということです。それも経験や勘として受け継がれたものというよりは、学問的に整理された理論や方法論というものです。これによって、いまの指導を読み取ったり、これからの指導をデザインしたりすることができるのです。

こうした生徒指導が定着すると、次のような会話が交わされることになります。

担当「Aさんには、気持ちを傾聴技法でゆっくり聞いたんだけれど、それでよかったかな」

同僚「Aさんは良識のある生徒だし、こちらから明確に指示しなくても、傾聴によってわかってくれるんじゃないかな」

担当「ただ、昨日のことだけは、理解できていないと思うんだ」

同僚「そうか。じゃあ、Aさんだったら、内観法の形でやってみてはどうだろう」

担当「Aさんならロールプレイングでも可能だと思うんだが」

同僚「内観法より、ロールプレイングのほうが指導しやすいんだね」

担当「どちらかというとそうなんだ。Aさんも大丈夫のようだし」

というような会話です。子どもや教師の特性、問題の内容がかみ合ったところで指導方法が選択され、展開されるようになります。あるいは、

同僚「Bさんの指導、どうすることにしたの」

担当「自己中心的な点を理解させたいので、対決法で面接をやってみるよ」
同僚「手伝えることあるかな」
担当「Bさんに提示する事実をもう少し集めたいんだ。Bさんを見ていて自己中心的だと感じたときの場面を思い出して、事実だけをメモしてくれないかな」
同僚「5W1Hの要領でいいんだね」
というぐあいに、教師自身が何をめざして、どんなことを行ったらよいかが具体的にわかるようになります。指導の方向性がみえてくるので、教師集団の意思の統一が図りやすくなり、合理的な指導が展開されることにもなるのです。さらに、
同僚「クラスが落ち着きがなくまとまりにも乏しいんだ。みんなと協力して生活できるような集団にしたいんだが、どういう方針でどんなことをやったらいいんだろう」
担当「私は四つの方針を立てて考えているんだ。友達とのかかわり方についての一般常識がある、友達同士でお互いの本音を受け入れている、クラスの中の自分の役割などが理解されている、クラス全体で行う学習活動が効果的である、この四点なんだ」
同僚「へぇ。それで、どんなことをすればいいの」

担当「ソーシャルスキルトレーニング、構成的グループエンカウンター、グループワークトレーニング、参加型体験型の学習活動の考え方を活用しているんだ。詳しく説明するには時間が必要なんだが、放課後にでも話そうか。とりあえず、全体の考え方を説明して、実際に活動するときに実習をして、少しずつ伝達しようか」

同僚「ありがとう。助かるな」

というように、自分の実践を体系的に説明したり、具体的に伝達したり、受け継いだりすることができるようになります。

このように、カウンセリングの理論や方法を活用した生徒指導が定着すれば、子どもと教師にとって有効な指導が展開できます。教師間でも、指導の目標や具体的な活動、分担する内容を明確にすることができます。さらに、具体的な指導の説明・伝達が可能となるので、生徒指導をしっかり受け継いでいくことができるのです。

「なおす」生徒指導と「育てる」生徒指導

生徒指導は、校則や懲戒などにかかわる内容、飲酒・喫煙から不登校、薬物乱用などの問題行動・非行にかかわる内容、健全育成や発達課題にかかわる内容、進路指導にかかわる内容、学習活動にかかわる内容など多くのものを対象として、教育活動を支えています。

私はこれら生徒指導を、非行を中心とした問題行動に関する「なおす」生徒指導、問題はなくても大人に向けての成長・発達を促す「育てる」生徒指導の二つに分けて考え、その両方についてカウンセリングを生かすべきだと考えています。というのも、これまでの生徒指導では「育てる」生徒指導が手薄であり、いっぽうカウンセリングは「なおす」生徒指導と相いれない雰囲気を振りまいてきたからです。

第二章「なおす」生徒指導では、教師の言うことを聞き入れようとしない子どもたちをどのように導いていったらよいのか、教師の思いを子どもたちに伝えていくにはどうしたらいいのか、その能動的な指導の具体像を考えていきます。

第三章「育てる」生徒指導では、成長・発達を促すために、集団が子どもたち一人一人を支え、子どもたち一人一人の成長が集団の力をさらに高め、成長した集団の中で子どもたちがまた成長していくという、集団と個人の相互作用の中で子どもが生活していくためにできることを考えていきます。

第2章

「なおす」生徒指導に生かすカウンセリング

「なおす」生徒指導とは，問題行動のある子どもたちにかかわって，問題行動を解消していく指導のことです。その指導に，カウンセリングをどのように活用していったらよいか。これが2章のテーマです。

ここでは，カウンセリングを活用した生徒指導の具体像をお伝えし，カウンセリングをこういうふうに活用すれば，生徒指導はこんなふうに生まれ変わることができるのだというイメージをつかんでいただけるように，お話ししていきたいと思います。

現在，生徒指導がむずかしいと言われるのにはいろいろな要因があります。そのなかでも，最もむずかしいのが「子どもたちが学校の意思を受け入れようとしなくなった」という点です。子どもたちに生徒指導を受け入れるだけの動機づけを図っていくことが，私たち教師の大きな課題となっています。

第1節では指導にあたるときの教師の心がまえについて，第2節では動機づけを図っていく具体的な指導例をあげながら，問題行動にかかわるときのイメージについてお話します。第3節では問題行動のある子どもたちの指導を行うときに必要となる理論と方法をまとめています。

第3節までは反社会的な問題行動を話題としますが，第4節では神経症や不登校などの非社会的な問題行動に「なおす」生徒指導としてどう対処していけばよいのかについてふれます。

第1節　「なおす」生徒指導を成功させる基礎基本

生徒指導は一般に「問題行動を抱えた子どもたちに対する教育的な指導援助活動」と考えられています。これは生徒指導の一部であり、学校現場では差し迫った重要な課題です。この「なおす」生徒指導を行うために教師は三つの役割を演じます。

一つ目は、子どもの問題解決を援助し生活と成長を支えるヘルパー（援助者）としての役割。二つ目は、必要な能力・技能・情緒などを身につけさせるトレーナー（訓練者）としての役割。三つ目は、役割や立場を越え、子どもたちと対等な人格として共にこの人生を生きていくパートナー（同行者）としての役割。すなわち、子どもたちの生活を援助し、訓練を行い、励ましながら、子どもたちと共にこの人生を歩んでいくエジュケイター（教育者）なのです。

しかしこれらがうまくいかないのが現実です。本章はカウンセリングを生かすことでその解決策を提案しようとしています。

第一節では、最も大切で効果が期待できる基礎事項からお話しします。「心がまえ」「指導のポイント」「子どものタイプ」がキーワードです。

1　生徒指導にカウンセリングを生かす心がまえ

心がまえとは、生徒指導で常に意識しておきたいことがらです。これはどんな問題・場面・方法でも威力を発揮するものです。

心がまえがズレていると何をやってもうまくいきません。苦境に立つ教師にとって、心がまえを精神論といって一笑に付すわけにはいきません。

私はここで「児童理解の大切さとむずかしさ」「必要性による学習」「チーム対応」の三つをあげたいと思います。

「児童生徒理解」が基本

新任のころ、生徒理解の大切さを思い知らされた経験があります。

静岡県の高等学校に赴任して間もないころ、私は担任したクラスのA君の対応に行き詰まっていました。そして、A君と以前話をしていたときに話題にのぼった中学校のN先生を思い出し、藁にもすがる思いでN先生を訪ねることにしました。

A君の様子や問題点を話すと、N先生は「A君だとそうでしょうね」と冷静に受け止めています。そして、A君の家庭のこと、親戚のこと、地域での様子、友人関係など、いろいろな話を聞かせてくれました。驚いたことにその一つ一つがとても詳しいのです。

例えば、A君の趣味というと、私の知識では「プラモデル作り」という程度。N先生は「プラモデルといっても何でもいいわけではないんですよ。A君は、第二次世界大戦のときの戦闘機が好きで、零戦には特別な興味があるようでした。三機の零戦をベッドの上につるしていつも眺めているんです」というぐあいです。

家族のことになると、「お父さんはやさしい方なのですが、礼儀作法にはうるさいところがあって、そこがA君とうまくいかなかったようですね。お父さんは地区の役員をやっていますが、同じ役員のBさんと仲がいいんです。BさんとA君は気が合うようで、Bさんが家に訪ねて来ると、釣りや戦闘機の話などをよくしていたようです。端から見ていると、どちらがほんとうのお父さんかわからないという感じなんです。家族同然のつきあいのようでしたね。おじいさんは……」と、際限なく話が続くのです。

驚いた私が「どうしてそんなことまでご存じなのですか?」と尋ねると、「実は私も、どう指導してよいか迷っていました。考えたあげく、わからないからこそA君と接する時間を増やして、彼をなんとか理解しようと考えたんです。掃除をしたり、プリントを印刷したり、いろんな作業を一緒にやるうちに、『なるほど、A君だったらああするよな』と彼の行動の必然性がみえてくるようになったんです。すると不思議なもので、彼を責める気持ちがなくなってきました。そして、『彼にこう言ってみよう。次にこうやってみよう』と考えられるようになってきたんですよ」

私は教師としての未熟さを思い知らされ、中学校を後にしました。

結局、私はN先生から「生徒指導のいろは」を指南されたようです。手のひらの中の情報で子どもを理解しようとしても無理なのだ。ていねいにつきあっていくなかで、指導の方法も徐々にみえてくる。ようやく「子どもを理解することが生徒指導の基本なのだ」という認識が実感として芽生えました。

「理解できないこと」がある

その数年後、生徒理解に徹するだけでは乗り切れない場面に出会いました。こちらが理解に努めても、わからない部分があるという現実の厳しさを思い知らされたのです。

高校二年のB君は、深夜徘徊、喫煙、飲酒、万引などの問題行動があって、警察に補導されることもたびたびでした。担任、学年主任、学年の教師、学年の生徒指導担当だった私、生徒指導部長など、可能なかぎりの教師がB君の指導にあたりました。注意や説諭に加え、彼の気持ちに寄り添うことも意識しました。ご両親とも何度も話しましたが、結果的にB君は退学ということになりました。

退学の手続きが終わって一カ月ほどたったときのこと。不意に来校したB君のお母さんに、私と生徒指導部長が応対し、退学後のB君の様子、今後の進路のことなどを一時間ほど話しました。

学校の正門まで見送った私たちに、お母さんは会釈をして歩き始めました。ところがふと立ち止まり、震える声でこう言いました。

「あの……、実は……、主人は……立派な人ではないんです」

私はお母さんの言おうとしていることがわかりませんでした。お母さんは決心したように話を続けました。

「主人には愛人がいます。私は何人もの愛人と争いながら、いまの生活を手に入れてきたんです。あの子はそのことを知っています。主人が尊敬できる人間ではないことを知っています。私にも『汚い』と言って許してくれません。このことを先生には言わなければ、と思っていたんです。でも言えませんでした。すみません。せっかく一生懸命やってくださったのに……。いろいろとありがとうございました」

そういうと、深々と頭を下げて歩き出しました。私たちは、お母さんの姿が曲がり角に消えてからも、そこから動くことができませんでした。

人には言いたくても言えないことがある。私はそのとき、理屈では語れない人生の姿をかいま見た気がしました。私たち教師は、理解したつもりでいても「どこかに理解できない何かがある」という意識をもって、子どもたちの現実にかかわっていかなければなりません。教師という仕事を続けるかぎり、こうした人生の理不尽さに向き合わねばならないようです。生徒指導にかかわっていくむずかしさは、実はこうしたところにあるような気がしています。

必要性に目を向けて

カウンセリングを生かして生徒指導を行うときに押さえておきたい二つ目は、「必要性に応じていくという姿勢」です。

子どもたち一人一人に対応していくには、その子どもに合った指導を行います。子どもに合わせた対応をするためには必要性に応じた学習が大切なのです。

たいていは、カウンセリングの理論は少なくとも十種類ほどあって、いったいどれを学んだらよいか迷います。そこでまず自分のパーソナリティーの受け入れられるものを学ぶことになります。なぜならカウンセリング理論は、それを使う人の哲学や人間観、パーソナリティーと密接に関係していて、哲学や人間観が違う人には理解しにくいものだからです。例えば、論理的なものの考え方を受け入れやすい人は論理療法、感覚に訴えるものに関心のある人はフォーカシング、哲学的な要素を大切にする人は実存分析などを学んでいくとよいでしょう。

このように自分の興味に従って特定の理論や方法論を学習することは、初歩的な段階としてうなずけます。ところが、カウンセリングを生徒指導に役立てるには「興味に従って学習すること」から「必要性によって学習すること」へ変えていく必要があるのです。その子どもにとって必要な課題や問題を教師が読み取り、その場その時の状況に応じて、指導援助のよりどころとなる理論や方法を変えていくことが必要だからです。

一章で述べたように、教師と子どもとのかかわりは、カウンセリングルームで行われるカウンセリングのように、時と場とが限定されるというものではありません。教師は、どんな場所、どんな子ども、どんな問題、どんな条件でも、出会ったその時に、その場でかかわらなければなりません。

子ども自身が問題を感じなくても、教師が問題であると判断し、解決を迫っていくということがあります。そのとき教師は、情報を提供したり、課題を与えたり、助言・指示・説得をしたり、対決をしたりしています。だからこそ、複数の理論や技法からその場に有効な理論と技法を選択し、状況に合わせて活用していく能力が必要なのです。

例えば、静岡県では、生徒指導や教育相談を学ぶときには、まず来談者中心療法、精神分析、行動療法の三つを基礎理論として学びます。そして必要に応じて、論理療法、現実療法、ブリーフセラピー、構成的グループエンカウンター、心理劇、森田理論、内観法などを学んでいけばよいことになっています。

チームで対応

問題行動のある子どもにカウンセリングを生かしてかかわるときに押さえておきたい三つ目は、教師は組織の一員であるという視点です。

生徒指導にかぎらず、一人の教師の指導は、その教師の行った指導であると同時に、その学校が行った指導でもあります。

私たち教師は、いろいろな場面で個人の裁量が認められているので、自分は自らの教育観に従って活動していて、教育の活動は自分の意思によって進められているというように感じがちです。たしかに部分的にはそうともいえます。しかし学校における教育活動は、「まず学校の教育目標があり、それに従って学年の目標が決められ、そこからクラスの目標が決定されていく」のが一般的です。教師も「学校の教育目標に従って、各自が役割を分担し、分掌の仕事や部活動、学級担任や教科担任として、子どもたちや保護者の方、地域の方たちにかかわっていく」のです。結局、教育活動は学校の意思によって行われ、教師はその一部を担うことになります。

そこで学校という組織の中で教師が役割を果たすには、自分の義務と責任を意識し、与えられた権限を理解しておくことが大切です。

例えば、担任がどこまで指導をしていいのか、外部機関との話し合いではどの程度の決定権をもっているのか、分掌の部長や管理職にゆだねる部分はどこか、同僚にどの程度援助を仰ぐことができるのかなどと、さまざまな選択肢の中で判断を迫られることがあるのです。

生徒指導は、集団のルール違反や逸脱行動など、ほかの機関や組織（病院、児童相談所、裁判所、警察など）との関係に発展する問題がたくさんあります。そうした広がりのある問題には、個人としての対応だけでは限界があり、学年部や生徒指導部などの組織・チームとしての対応が欠かせません。専門的で強力な一人の教師が現れるのを待つよりも、多くの力を結びつけ、学校の中にある可能性を引き出すことが、生徒指導においてはカギなのです。

さて、以上の三点を私は、カウンセリングを生かして「なおす」生徒指導をよみがえらせる心がまえと考えています。ひとことで言えば、「生徒指導は、子どもの実態に応じて、学校の判断のもとに、教師である私が行う教育活動」ということです。教師自身の興味や価値観、主義主張のみでなされる活動であってはなりません。目の前の子どもに臨機応変に対応しつつも、教師個人の主張や志向を超えた、冷静で客観的な対応を追求したいものです。

2 「なおす」指導のポイント

次は、少し指導の具体に近づいて、子どもを指導するときに意識しておきたいことにふれたいと思います。言うならば、「なおす」指導のコツ、ツボというところです。

指導のポイントとして、「動機づけの大切さ」「責任を果たすという視点」「対決的な対応」の三点についてお話しします。

「動機づけ」をどう図るか

以前、講演会に出席した際、少年鑑別所や少年院で、心理劇や描画、粘土細工、短歌、作文、合唱などを指導に使っていることを聞きました。私はこれを学校でも使ってみようとしましたが、なかなかうまくいきませんでした。その後、鑑別所や少年院の内部を見学して、少年院で効果のあがっている指導法が、なぜ学校では効かないのかわかりました。それは「動機づけ」の違いです。

少年院や鑑別所の子どもたちには、高い塀に囲まれた庭や鉄格子の部屋で過ごすなか、法的なシステムによって、さまざまな動機づけが図られています。そのなかで、犯した罪の意味を理解する指導を受け入れられるようになるのだろうと感じました。

それに比べると、問題行動に対する学校の指導は緩やかなものです。それでも、同様に、「社会の規範や法律に従わなければならない」という価値観・道徳観に従って指導は行われます。ところが、服装や髪型、言葉遣いや行動などの表現の仕方、遅刻や早退・欠席などの基本的な生活習慣に関することなど、学校教育では問題行動とされているものが、世の中の多様な価値観のなかで、「自由」や「個性」として、プラスに評価されることがあるのです。

保護者の価値観が学校の求めるものと異なったり、子どもたちが自分の価値観以外のものを受け入れなくても不思議ではなく、学校がこれまでどおり、しかったり諭したりすることを中心とした指導を行っていくことは、むずかしくなってきています。だからといって、規範意識の十分でない子どもたちに、受容・共感的な面接を繰り返しても、指導効果があがるとは思えません。

「なおす」指導の最初の課題は、子どもたちの「指導を受け入れよう」とする気持ちをどう高めていくかにあります。

動機づけの図り方については、次節で具体例をあげながら詳しく述べます。

責任を果たす過程のなかで成長を図る

「なおす」指導のポイントの二点目は、「問題行動についての責任を果たす」という視点をもつということです。

子どもを指導する場合、大きく二つの立場が考えられます。

一つは、「問題行動自体が問題なのではなく、その行動を起こさせた人間の内面にあるものが問題である」というものです。

例えば、万引きをしたA君の指導をする場合、この問題行動は、A君のパーソナリティーの問題が表面化したものであるという点を重視し、問題行動そのものを取り上げるのではなく、A君の内面（人間性そのもの）にアプローチすることを考えます。この立場からは、現実の問題を話題にすることが指導の妨げになることもあるようで、子どもを現実から引き離して指導を行うことがあります。その行動には内面にA君なりの必然性があるはずだと考え、A君の生い立ちやこだわり（コンプレックス）などを追求し、A君の人間としての本質に迫ろうとします。問題行動の解決は、このように人格の追求をすることで自然になされていくと考えられているのです。

もう一つの立場は、「人格を直接に問題とするよりも、現実の問題行動の意味や、そこから生じる責任問題を自覚することを重視する」というものです。

万引きをしたA君には、道義的、法的、経済的な責任が生じるので、その意味を理解し、責任を果たしていく過程で、A君の人間的な成長を図ろうという立場です。これは、A君を「社会的な存在」としてとらえ、A君が社会的な意識をもち、そこから社会的な責任を果たしていくための援助をしていこうという考えがベースにあります。

前者は心理療法的（治療的）、後者は教育的（生徒指導的）なアプローチの要素が強いといえます。問題行動の質によっては、どちらか一方の対応だけで解決するものもありますが、実際には二つのアプローチの指導を同時に、あるいは連続して行うことによって、はじめて解決する問題がたくさんあります。

この二つの立場は、問題行動のとらえ方やアプローチの重点の置き方の違いであって、一方の立場を否定するというものではありません。

ただし、生徒指導の場合には、対象が逸脱行動や集団のルール違反などの問題行動であることが多いものです。したがって、個人の内面に意識を向けて、現実の問題を避けるようにして指導を行っていくことはむずかしく、心理療法的なアプローチに終始することが子どもの社会的な成長を妨げることになる場合もあるのです。

現実の問題の重視という視点から、自分の不適切な行為の意味を理解し、現実的な責任を果たす過程のなかで、人間としての成長を図っていくという対応が欠かせないことになります。

現実のなかで現実そのものにかかわっていく指導が、生徒指導の特徴でもあるのです。

対決的な対応をためらってはいけない

指導のポイントの三点目は、対決的な対応をためらってはいけないということです。

近年、冗談の度が過ぎたり、教師の注意を聞き流したり、周囲への配慮に欠ける行動をとる子どもが増えてきました。これは、その子どもにとって必要なことが、必要なときに伝達されなかったことが原因なので、基本的にはそれを今後伝達していけば解消することなのですが、子どもに自己中心性や耐性不足があるのも事実です。

こうした子どもを指導するときには、まず教師として何が不愉快か、何を問題だと思っているかなど、心の内を正直に子どもに伝えることが大切です。このときに、子どもに何かをさせようとかやめさせよう、ということに教師の意識が向きすぎると、トラブルに巻き込まれてしまいます。

まず、大人として、「私はこう思う」「私はこう感じる」と伝えます。子どもの様子を見ながら、次に、「こうしたらどうだろう」「こうするのはよくないんじゃないかな」などと、柔らかく命令や禁止をしていきます。そんなゆとりのないときには、あれこれ考えずに、「私は君の考え（あるいは行動）が受け入れられない」と言えばよいのです。

教師が内心に矛盾を感じながら感情を表現せずに表面をつくろうことは避けたいものです。感情を表すことが不都合だ、未熟だなどという思いにとらわれすぎないことです。

喜怒哀楽の激しい時期を生きる子どもたちにとっては、それにつきあっていくだけの感情体験や率直さ、表現の豊かさをもった教師が必要なのです。

自己中心的な子どもは、年輩者への配慮が乏しくなっています。教師だけが遠慮している状況からは、ほんとうの意味での人間関係は育ちにくいものです。教師と子どもが本音でつきあう環境のなかで、お互いの痛みや苦しみがみえてくるのです。

児童生徒尊重主義ややさしさ優先といった時代の風潮に埋没することなく、教師が、人生の先輩として、能動的に、ときには対決的に子どもたちにかかわっていくことにためらいをもってはいけないのです。

「なおす」生徒指導の課題

生徒指導では、現実的な解決を図るという視点、つまり、問題行動が現実の問題であるならば、その解決は現実的なレベルで行われるという視点が重要です。

これは、「自分が十分反省したからそれでよい」と、個人の内面で完了するものではないということです。自分の反省を相手が受け入れてくれるとか、社会通念や法律的な要求によって、自分の反省に新たな内容が要求されるなど、個人と個人、個人と社会の関係のなかではじめて完了するといえます。

問題は、最近の子どもたちは、自分自身の内面や自分と人、社会との関係を洞察したり分析したりする力に乏しく、具体的な責任問題の追及や対応まで、なかなかたどり着かないという点です。そのため、生徒指導の入り口である、リレーションづくりや動機づけを明確にして、子ども自身の内面や自分と人、社会との関係を考察することを意識させ、さらに具体的な責任問題の追及に結びつけていくということが、現在の生徒指導の課題なのです。

3　問題行動のある子どものタイプと指導法

いつも明確に分類できるわけではありませんが、問題行動のある子どもには、「愛情欲求」「不安・劣等感」「未成熟」の三つの特徴的なタイプがあります。それぞれのタイプに適した指導方法を用いることが大切です。

静岡の少年鑑別所元所長の松本良枝さんにうかがった内容をもとにして、指導法のヒントをまとめました。

問題行動のある子どもの三タイプ

まず、「愛情欲求タイプ」からお話ししましょう。

①愛情欲求タイプ

愛情の欲求が満たされないことから問題行動を起こしてしまうタイプです。慢性的に愛情に不満をもち、愛されたいという気持ちが非常に強いのです。このタイプには、傾聴技法による受容・共感的なカウンセリングが有効です。内面ではものごとを敏感に感じて悩んでいますので、注がれる愛情に気づいたときに、新しい行動への意欲が生まれてきます。

②不安・劣等感タイプ

不安・劣等感を強くもつことから問題行動を起こしてしまうタイプです。過剰な期待の中で育ってきた子どもが、自我が拡大するにつれて家族などの周囲の期待に応えられなくなったことから挫折して、不安や劣等感を抱くようになります。自分が周囲の人から見放される前に、自分から親・教師・友人の元を離れていこうとして問題行動に走ってしまうのです。それまでは、比較的よい子であったことが特徴です。

このタイプは、評価されることを恐れているため、面接では核心にふれることを避け、表面的な会話に終始します。描画や粘土細工、掃除などの作業を一緒に行いながら、劣等感にふれないように、その作業の中でよい面をほめてあげることが大切です。

以上の「愛情欲求タイプ」「不安・劣等感タイプ」の子どもたちには、内面では愛情を求め、こだわりに縛られ、ものごとに敏感に反応しながら、自らを責め続けるような様子があります。このタイプの場合、受容・共感的なかかわりを工夫して継続することで、自らのこだわりに気づいて心理的に解放され、立ち直っていくことが多いものです。

③未成熟タイプ

成長過程における未成熟さから問題行動を起こすタイプです。過保護・過干渉または放任による社会的な常識の欠如、不十分なしつけによって、人格の発達が年齢相応になされていません。自分自身の価値観や判断基準が育っていないので、仲間や周囲の状況によって、飲酒や万引き、無免許運転など、さまざまな問題行動を起こします。外向的・朗らか・こだわりのなさが特徴です。

指導のむずかしい点は、価値観や道徳観が十分に育っていないために、自分の行動を問題と感じることができにくいということです。例えば、相手にひどい言葉を浴びせても、「相手が悪いからそう言ったので自分は悪くない」と主張し続けることが多くみられます。

このタイプへの指導はいわゆる教育やしつけの領域です。人格を傷つけないよう配慮しながら、メリハリをつけて善悪の判断をチャンスを逃がさず指導することがポイントです。

受容・共感だけでは対応できない

問題行動のある子どもたちを三つのタイプに分けて考えてきましたが、現在は、一昔前に多かった愛情欲求タイプや不安・劣等感タイプの子どもが減少し、未成熟タイプの子どもが増加しています。愛情欲求タイプや不安・劣等感タイプに未成熟タイプの要素がミックスさせている場合も多くなりました。

つまり、社会常識や規範意識、価値観や道徳観が十分に育っていない未熟さをもつという点は、問題行動のある子どもたちすべてに共通する要素になってきているのです。この現状にあっては、受容・共感的な接し方だけでは、指導援助活動を維持していくことは困難なのです。

教師には、受容・共感を主体とした「受動的な対応」だけでなく、助言・指示・説得・対決・契約といった「能動的な対応」が必要になります。そのためにも、さまざまな理論や技法を理解し、指導に活用できるようにトレーニングを積んでおくことが大切なのです。

さて、第一節では、問題行動のある子どもにかかわるときに考えておきたいこととして、「教師の心がまえ」「指導のポイント」「問題行動のある子どものタイプ」の三点について、お話ししてきました。この三点に含まれているものが、私の考える生徒指導の基本姿勢なのです。カウンセリングによって生徒指導を再生するための、最も基本的な、そして最も重要な部分であると思っています。

第2節　問題行動のある子どもへの具体的な指導の進め方

第二節では、指導の入り口である教師と子どもの人間関係づくりから、子ども自身が問題行動について考え、問題の意味を理解しようとするようになるまでの具体的な指導の進め方を、事例を通してお伝えします。

1　教師と子どものリレーションづくり（粘土細工を使った指導）

さきにも少しふれましたが、少年鑑別所を見学したときに、描画や粘土細工を使った指導について具体的に説明を受けたことがあります。当初はなかなかうまくいかなかったのですが、試しに進路相談室（高校）に粘土や画用紙、クレパスを置いてみたところ、相談の順番待ちをしている生徒に、粘土をいじったりクレパスで絵を描く姿が見られたのです。

私は、この指導の可能性を実感し、不登校や神経症などの子どもたちの指導に利用してみました。そのうちに指導の仕方にも慣れてきて、問題行動のある生徒の指導にも利用するようになりました。とくに、言語表現力に乏しい生徒には、描画や粘土を使った指導は効果的なようでした。

言語化するのが苦手なG君への指導

G君（高校三年生）は、学校内では頭髪・服装違反、遅刻にけんかなど、校外でも万引、飲酒、喫煙などの問題行動があり、そのたびに注意や謹慎指導（一定の期間、家庭や学校で個別指導を受けて反省すること）など、生徒指導部の指導を受けてきました。

三年生最後の定期試験を間近に控えたころ、このG君が、友人宅にあったバイクを冗談半分に運転して事故に遭いました。けがは軽傷ですみましたが、学校としては、あまりの軽率さ、自覚のなさに、高校生活最後の指導を行うことになりました。

彼は感情や考えを言葉にすることが苦手な生徒で、指導を始めると、黙ったまま口を開きません。これまでの指導では、教師は教科指導や掃除などの作業によってG君との関係を維持してきましたが、卒業を間近に控えての指導ということもあるのか、その態度にはかたくななものがありました。

困った私は、G君の顔のレリーフを作ることにしました。G君のことを考えている私たち教師の思いが伝わればよいのだが、と願いながら粘土をこね、レリーフが出来上がると、G君のいる部屋の隅に置きました。

翌日、「これ、先生作ったんか?」とG君が語りかけてきました。そこからやっと話ができるようになりました。G君によると、「部屋の中にこちらを見ている自分の顔があって、変な感じがして、つい言葉が出てしまった」ということでした。彼の心が荒《すさ》みきっていたならば、レリーフを壊してしまったかもしれませんが、私は何か救われたような気持ちがしました。

この後、G君は自分とお父さんとの関係を考えることを通して、日ごろの生活を反省して立ち直っていきました。そして、お父さんの協力を得て、卒業していったのでした。

G君は、指導を何度も受けながらも、先生方とは人間関係が築かれていました。この指導は、「いまもおまえのことを見ているぞ。言いたくなったら言えよ。待ってるからな」

という教師のメッセージをレリーフに託し、G君が指導を受け入れる準備ができるのを待ったものです。思ったとおり、G君は声をかけてくれました。私たち教師の思いはG君に伝わったようでした。

2　自分の行為の意味に気づかせる①（ロールプレイングを活用した指導）

最近は、自分の行動が問題行動であるという自覚のない子どもたちが多くなりました。これでは、教師が指導を試みても、受け入れるどころか逆に反発して指導ができません。こうした子どもの指導に有効なのが、ロールプレイングの「役割交換法」です。私たちはしばしば「相手の身になって考えてごらん」と子どもたちに言いますが、簡単に言うとこれが役割交換法です。文字どおり役割を交換して、さまざまな立場の人の身になって考える方法です。

ここで示す事例は、役割交換法を活用して問題行動の場面を再現したものです。トラブルを起こしたときの相手について考えることで、問題行動の意味や自分の問題点に気づかせ、指導を受け入れるための動機づけを図ろうとしたものです。

この場合、自己洞察を促すことが目的になりますが、能動的で、説得的な活用方法をとることになります。緊張を強いられる場面でもあるのです。

いじめを繰り返すBさん

Bさん（高校一年生）は、数人のグループで、「生意気だ。身勝手だ」と言ってMさんを仲間はずれにしていました。ただBさん自身は、それがいじめだとは考えていません。担任はBさんの面接を何度も行って、いじめの解消を図りましたが、「私は悪くない。生意気なのはMさんなんだから」と言うばかりで、目立った効果はなく、そのうちにMさんが学校を休みはじめるようになりました。

いじめの場面を役割交換法で再現

そこで、役割交換法を用いて、担任が観察したことやクラスメイトから聞いたことから、Mさんを仲間はずれにしようとする問題場面を取り出して、Bさんと教師三人の計四人で再現することにしました。

最初は、Bさんは自分自身、担任がいじめを受けているMさん、教師二人はグループのメンバーを演じました。Mさん（担任）が弁当を持って、いくつかくっつけられた机の一つに座ろうとします。Bさんは、「そこ、Fさんが来るの」と言います。その隣にMさんが座ろうとすると、「そこは、Gさんが来るから」と言い、さらにMさんが隣の席に移ろうとすると、「そこ、いつもHさんが座っているでしょう」と言います。Mさんは、行き場がなく、立ちつくしてしまいます。結局、Mさんは、机を一つグループに不自然にくっつけて、揃ったメンバーと一緒に弁当を開くことになりました。

この後、Bさんに感想を聞くと、「Mさんて鈍感なんだよね。一緒に食べたくないって言うのがわかんないかね」と、あっけらかんと言うのです。

次に役割を交換して、BさんがMさんの役を演じます。せりふや動きはさきほどと同じです。始めて間もなく、Bさんの顔色が変わるのがわかりました。Bさんの「何、これ」という声が聞こえてきそうでした。このロールプレイングによって、Bさんは、Mさんの心の痛みを考えもせず、辛辣な言葉を口にしていた自分の行為に気づくことができたようでした。その後の指導への動機づけは図られたのです。

Bさんの指導は、この後、「自分の行為がいじめにならないように、感情や思いを適切に表現していくにはどうすればよいか」、いわゆるソーシャルスキルについて、ロールプレイングと面接、作文を併用して探っていくことになりました。そして、指導が進むと、「Mさんに申し訳なかった」という気持ちが明確になって、「ごめんなさい」と素直に謝ることができました。Mさんもそれを受け止め、二人はもとの明るいクラスメイトに戻ることができました。

気づきが得られないときの方法

このように、Bさんの指導はうまくいきましたが、なかには気づきの得られない子どももいます。仮に、Bさんがそういう子どもだった場合、どんな場面でどんな介入をすればよいか、いくつかの方法を記してみます。

最も使いやすいのは、ロールプレイングのある場面でストップをかけて、そのときの気持ちを考える方法です。例えば、Mさんの役をしているBさんが、じっと立ちつくしている場面でストップをかけて、いまどんな気持ちかを質問します。「一緒にいたい」「その場を立ち去りたい」など、気持ちが少しでも言葉になっていれば、「その気持ち、もう少し説明できるかな?」などと、面接のつもりで内容を深めていけばよいのです。

このほかに、Mさんを演じている人が、Mさんの思いをせりふのようにして表現するという方法があります。例えば、Mさんがしゃがみ込んでしまう場面では、Mさんを演じている人が、「私、何か悪いことしたの?」という感じで、Mさんの気持ちを表現するのです。カウンセリングでいう「明確化」の要領で、Mさんの気持ちを察し、言葉にしていくと考えてください。

そのとき、Mさんの気持ちに葛藤があるようなら、いすを二つ、対面させて用意します。例えば、一方を「一緒にいたい気持ちの自分」が座る席、もう一方を「その場を立ち去りたい気持ちの自分」が座る席とします。この二つのいすに交互に座りながら、それぞれの立場の自分になりきって、一人二役で会話して、自分の気持ちを確認していく方法です。これは対立分身対話法(トップドッグ、アンダードッグ)といいますが、ゲシュタルト療法のエンプティーチェアーの技法です。心理劇では三つのいすを利用することもあります。ただし、この方法は、自分の気持ちを分離させて考えることのできない子どもにはうまくいきません。そのときには、教師がどちらかの気持ちの役になって片方のいすに座り、もう一方のいすに子どもを座らせて、二人で会話しながら気持ちを整理していくのです。

気づきが瞬時にもたらされることもある

指導への動機づけを図るための活動例として、役割交換法をあげました。

ロールプレイングや心理劇、その応用であるゲシュタルト療法のワークなどによってもたらされる「気づき」は、観念的なレベルにとどまらず、感覚や感情、体感を伴ったものとなることをめざしています。気づきは、体を動かしているときや、話をしているときに、瞬時にもたらされることがあります。気づきが動的で、立体的で、明確なものであるだけに、気づいたときのショックもまた大きなものがあります。

子どもにロールプレイングなどの動的な方法が利用できる場合には、その効果が明確であるだけに、むずかしさもあるのですが、それは、教師がロールプレイングを習熟することで解消されていくといえるでしょう。

しかし、子どもの気づきを引き出そうとするあまり、子どもを精神的に追い込み、傷つけてしまうことがないよう、十分な配慮が必要です。

3　自分の行為の意味に気づかせる②（ホットシートを活用した指導）

次の事例も、子どもに自分の行為の意味を理解させ、指導への動機づけを図っていったもので、ここでは、「ホットシート」を利用しています。

ホットシートとは、自分が人の目にどう映っているか、どう思われているかを相手から直接に伝えてもらうことで、他人に映る自分の姿を理解するというものです。これはゲシュタルト療法の用語で、本来は率直に感じたことをぶつける方法ですが、構成的グループエンカウンターでは、これがマイルドな形になっており、信頼関係のできたグループで、メンバーのよい点と改善点をお互いに指摘しあう方式をとります。「あなたのよい点は、いつも冷静で自分を見失わない点です。改善点については、他人の意見にもう少し耳を傾けたほうがよいと思います」といったぐあいです。ときには、よい点だけ、改善点だけを指摘する場合もありますが、両方を指摘するやり方が定型です。

ただし、ホットシートは対決的で父性原理の強いものですから、配慮なく使用した場合には子どもを傷つけてしまいます。実施については、必ず何らかのフォロー体制を考えておくことが大切です。

他罰的で自己中心的なD君

D君（高校一年生）は、かねてより仲が悪かったE君を、「挑発するような言葉を吐いた」と言って殴りつけ、けがを負わせてしまい、謹慎指導を受けることになりました。

通常の謹慎指導では、生徒は指導担当の教師と面接をして、そのときの感想や反省内容を作文にします。ところがD君の場合は、面接でも作文でも、自己の正当性を主張することに終始し、指導は一向に進みません。

いっぽう担任は、家庭訪問をしてご両親を含めた話し合いも行いましたが、D君のあまりにも自分本位なとらえ方に頭を抱えてしまいました。

注意や説諭だけでは十分な反省を導き出すことがむずかしい状況でした。方策を求めて開かれた会議の結論は、D君にほかの人が感じているD君像を理解させ、そこから「世の中すべてがD君の思いどおりになるものではない」という事実に気づかせることが必要だ、というものでした。そこで、ホットシートの指導に踏み切ることにしたのです。

ホットシートで自己中心的だった自分を知る

まず、謹慎指導中に書いた作文などを話題にして、D君に自分自身をどのような人間だと感じているかを確認させます。その間に、クラスメイトには、D君の反省のために協力してほしいと説明をし、クラスメイトと教科担任に、D君のよい点と改善点を箇条書きにして提出してもらいました。

箇条書きをまとめたものは、次のような内容です（メモは改変しています）。

【クラスメイト】

よい点——リーダーシップがとれる。楽しい話をしてくれる。明るい性格だ。だれとでも気軽に話せる。

改善点・受け入れがたい点——人を傷つける言葉が多い。常識を身につけてほしい。相手のことを考えて話をしてほしい。クラスで〜なことがあったとき〜と言ったが、それがとっても嫌味だった。など

【教　師】

よい点――服装はしっかりしている。学習はよく取り組んでいる。授業はしっかり受けている。はきはきしている。

改善点・受け入れがたい点――暴力に訴えるのはやめてほしい。思いやりの気持ちをもってほしい。人づきあいの訓練を受けていない気がする。他人に向けるエネルギーが度を超しているように思う。エネルギーを自分の内面を見つめることに使ってほしい。自分の立場だけでしかものごとを考えないし、言わないようで、わがままな感じがする。欠点や過ちを強く指摘されたような気がして、不快な思いをしたことがある。など

メモは、書いた人が特定できないようにまとめ直し、表現が攻撃的なものは、自己開示的な表現、例えば、「そんな言葉遣いはやめろ」という禁止・命令形を使わずに、「そう言われて、私はとっても不愉快だ」と、「私」を主語にして自分の感情や思いを中心に表現する方法に書き換えました。そして、ご両親には事前に指導の主旨を説明し、D君を援助する心がまえについて話し合っておきました。

このメモは、担任が午前中に家庭訪問をして謹慎中のD君に渡しました。D君は、担任

の前で何度かそのメモを読み返していましたが、自分の部屋に入って行き、しばらく出て来なかったそうです。その夜、再び家庭訪問をした担任に、「先生や友達が、こんなことを感じていたなんて知らなかった。俺のやることが嫌だったなんて、全然わからなかった」と語りました。

数日後に書かれたＤ君の作文には、いままでの自分の生活がみんなの配慮や遠慮のうえに成り立っていたことや、それに気づかずにわがままな行動を続けていたことが具体的に記されていました。

「責任をとる現実」を理解させる

Ｄ君の指導では、ホットシートによって内面の問題にふれた後、暴力行為について考える時間をとりました。暴力行為の指導は、暴力の道義的・法的・社会的な問題にふれ、最も避けねばならない行為であることを理解させます。それとともに、自分自身の反省とは別のところで責任問題が考えられている、という現実も理解させる必要があります。Ｄ君の場合、Ｅ君の顔を殴打して顔に傷を負わせ、数本の永久歯を失わせています。被害者の考え方次第では、法的な解決という事態も避けられない状況でした。

D君は、ホットシートにより、日ごろの自分の行動に対しての反省がなされたこともあって、暴力行為の卑劣さ、それに伴う責任問題について、素直に受け止めることができたようでした。E君にも頭を下げて謝罪できましたし、保護者と一緒に責任問題についても話し合い、そのめども立って、謹慎指導は解除されました。

暴力行為の問題は、自分個人の問題とは別に社会的な側面をもっています。暴力に訴えてはならないという指導に加えて、未成年者の自分としてどのような形で責任をとることができるのか、どの点で両親に負担をかけなければならないのかについても話し合います。そして、責任を考えたり果たしていく過程で、生徒を援助し、生徒の成長を図っていくという方針が現実的なのでしょう。

謹慎指導後のD君には謙虚さが感じられました。教師やクラスメイトに対する言葉遣いに穏やかさがありました。「みんなに受け入れられたい。新しい生活に踏み出したい」という気持ちが伝わってくるようでした。

アプローチが一定方向にまとまった

繰り返しますが、生徒指導の直接の目的は、暴力行為の反省とその行為に対する責任をとるということにあります。ところが、Ｄ君の場合、あまりにも他罰的で、自分の問題自体を受け止める力に欠けていました。こうしたときには、さきに示したロールプレイング同様、まず自分の日常のあり方の問題に気づかせなければなりません。自分自身でそれに気づいたとき、はじめて暴力行為の責任をとる意味が理解できるようになるのです。

また、この事例では、ホットシートそのものの効果以外に、ホットシートを利用することによって、それぞれの立場の人の思いを集約できたという効果があげられるようです。

それまでは、保護者、生徒、教師の各々が、Ｄ君のことを考え、よかれと判断したことを行っていました。ホットシートの利用が決まってからは、バラバラだったＤ君へのアプローチが一定の方向にまとまったのです。

多くの人が組織的にかかわる指導を行うためには、それぞれの立場の人が具体的に活動できる方法を提示する必要があります。

4　自分のこだわりと向き合わせる（検査類を使った指導）

自分の内面のこだわりと向き合うために検査類を利用した指導です。

検査類（心理テストなど）の利用については、専門機関である病院や相談機関などでは患者やクライエントの情報の収集や診断の目的で利用されることが多いようです。しかし、学校では、日常の観察のなかで子どもについての情報収集がある程度の時間をかけて行われているので、相談機関とは違った検査類の利用法が考えられてよいのです。

例えば、検査を利用することで面接の緊張をやわらげたり、生徒の表現能力を補ったりしながら指導を展開していくという利用目的などが考えられます。

喫煙をしていたMさんの指導は、まず教師とMさんのリレーションづくりを行い、そこから指導への動機づけを図ろうとして、文章完成法テストを利用したものです。

なげやりなMさん

高校三年生のMさんは、「だるい」「面倒くさい」などが口癖の、なげやりな感じのする生徒でした。二年生の後半から遅刻が増え始め、三年生になると、登校しても授業を抜け出して、部室にいるようになりました。そのうち、登校しても、いつの間にか学校からいなくなってしまうというぐあいでした。

担任は家庭と連絡を取りながらMさんの指導を行っていましたが、なかなか改善されません。そんなとき、学校の近所の方から、本校の生徒が、空き地で煙草を吸っているという連絡を受けたのです。行ってみると、その中にMさんがいました。生徒たちは学校に連れ戻され、指導を受けることになりました。ところが、指導が始まっても、Mさんは「面倒くさいし……」という調子で、とにかく考えることは何にもしたくないという様子なのです。面接は進まず、作文（反省文）も書こうとしません。

そこで、考えることが短時間で、その場で簡単にできて、負担の少ないものはないかと考え、文章完成法テストを工夫して利用することにしました。

文章完成法テストで面接を組み立てていく

文章完成法テストは、連想検査が変化して発達してきたもので、ある言葉（刺激文。例

「私の顔～」「調子のよいとき～」など六十項目）に続けて文を作っていくという形式の検査です。診断のための利用となると経験が必要ですが、記入された言葉を注意深く読んでいくと問題となる部分が見えてくるので、その内容から面接を組み立てていくという目的で利用されることもあります。

さて、Mさんの場合は、鉛筆を持たせて「やってごらん」と言っても実施しそうにありませんので、クイズのようにして進めることにしました。「私がある言葉を言うから、頭に浮かんだことを何でもいいから言ってくれるかな」と言い、テストの答えられそうな項目からいくつか選んで聞いていきました。

「私が好きなのは」と言うと「マック」と答えが返ってきます。「私の父」と言うと「じじい」、「私の服」と言うと「この前、チェックのを買った」と返ってきました。

ところが、「どうしても私は～」となると、「何、それ……」と、考えようとしません。結局Mさんは、「世の中～」「将来～」「私はよく人から～」など、少し考えなければならない質問や自分の内面に関係する質問には答えませんでした。

ひととおり聞き終わったところで、「さっきチェックのを買ったって言ってたけど、何を買ったの？」と尋ねると、購入したチェック柄のスカートやお店のことも話してくれて、やっと面接らしくなってきました。初日には面接の雰囲気づくりができたので、翌日もう一度、テストを実施してみました。

今度は、文頭になる言葉（刺激文）を読み上げ、Mさんは鉛筆を持って浮かんだ言葉を書いていきます。しかし、「世の中」「私の野心」などの項目になると、話し合わざるをえません。「世の中」の項目ではこんなぐあいでした。

Mさん「なんて書いたらいい？」
教　師「世の中というとどんなことが浮かぶ？」
Mさん「うぅんと……。お金とか仕事とか。暗い感じ」
教　師「あまりいい感じじゃないんだ」
Mさん「働いて、お金、稼がないとね……」
教　師「そんな感じをまとめるとどうなるの」
Mさん「世の中で生きていくには、……働いて、お金を稼がないといけない」

こうして書き上げた文章完成法テストを、自分のことや家族のこと、友達や学校のことなど、テーマごとに整理して、言葉を補いながら作文指導につなげていきました。

自分のこだわり（家族関係）に向き合う

「家族」についてのMさんの作文は、次のようなものになりました。

「**どうしても私は**家族が好きになれない。**私の父**は私を無視している。**私の母**は私を怖がって何も言わない。**家の暮らし**は最低だ。**子どものころ、私は**、家族はやさしいと思っていた。私が忘れられないのは、小学生のときにみんなで海水浴に行ったことだ。**もし私の母が**昔のお母さんに戻ったら幸せなのに。**もし私の父**が昔のお父さんのままだったら楽しいのに。こんなことばっかり書いたが、**私はよく人から**、問題児だとか、不良だとか言われる。家の人にとって私はおじゃまむしだ。家族はとっても肩身が狭いだろう。私は家族にどうしたらいいかわからない」（※ゴシック部分はテストの文頭の言葉（刺激文）、傍点部分は作文時につけ加えた部分）

Mさんは、作文を書きながら、「ほんとうは、家族と和解したい自分がいるんだ」ということを実感したようでした。この後の面接では「家族にどうしたらいいか」について話し合うことになりました。Ｍさんは、自分自身のこだわりに気づき、向き合い、解決していくための手がかりがつかめたのです。結局この活動は、文章完成法テストの結果をＭさん自身で分析するお手伝いをしたことになるようです。

Ｍさんの場合は、リレーションづくりの指導の後、家族関係を考えることをテーマとして面接を行いました。Ｍさんが自分の生活について考え始めるようになったところで、喫煙や授業の中抜け、無断早退などについて反省を求めました。

Ｍさんはいままでの自分のあり方を振り返り、今後の生活を教師と一緒に考えていくことができるようになっていったのです。

リレーションを深めながら、問題にゆっくり近づく

Ｍさんのように問題意識もなく、嫌々ながら生徒指導部の指導を受ける生徒に対して、会話のみによる一般的な面接指導を展開しようとすると、教師も生徒もかなりの緊張を強いられます。そこで、文章完成法テストを用いれば、テストがクッションの働きをして、緊張をやわらげたり、抵抗を少なくしたりして、リレーションをつくりながら、生徒の問

題や課題にゆっくりと近づいていくことができるのです。

文章完成法テスト以外にも、ＹＧ性格検査、ＶＰＩ職業興味検査、エゴグラムテスト（ＴＥＧ）などを利用することもできます。いずれも、個人用のもので、手作業で処理・集計ができる検査です。

こうした活動の中で、少しずつ子どもが話をするようになってくると、それに応じて教師も話をすることができ、教師と子どもの人間関係が徐々に深まってきます。

5　抵抗や防衛を打ち破る（対決法を活用した指導）

次に、子どものなかにある抵抗や防衛を打ち破る指導例として、「対決法」を活用したものをご紹介します。

生徒指導における「対決法」とは

「対決」というと、取っ組み合いでも始まりそうな感じがしますが、カウンセリングでいう対決とは、クライエントの内面にある葛藤や混乱、矛盾や不一致を発見して、それについて議論していく一連の過程をいいます。

対決の仕方には、ひたすらクライエントの内面を追求していく雰囲気のものと、クライエント以外のもの（例えば、ほかの人の意見や感想、具体的な事実など）と対峙する雰囲気のものとがあり、対決することによって、それまでの自分の考え方などが修正されたり、別の考え方に再構成されたりして、新たな視点が生まれることになります。

面接の中で、目の前が開けたとか、気づきがあったなどと言いますが、その前には、それまでの自分の思い込みや抵抗、防衛と対決し、それを乗り越えていくプロセスがあるのです。こう考えると、対決とは特別なことではなく、実際には、どのカウンセリングの形態においても、なんらかの形で行われているものといえそうです。

生徒指導における対決は、カウンセリングの対決をベースにしています。ただ、指導対象の生徒は動機づけに乏しく、こちらが問題点を指摘したからといって、すぐに自分自身で洞察するというわけにはいきませんので、ときには強く、継続的に対決しなければならない場面があります。

ここでは生徒指導における対決法を、利用という観点から、便宜上、五つに分けて説明します。

①矛盾・不一致、混乱の指摘

「矛盾・不一致、混乱の指摘」とは、子どもの言葉や考えや行動に注目し、その矛盾や不一致、あるいは混乱を指摘するものです。ここで「指摘」というのは、「それは〜という点で矛盾しているな」と、矛盾や不一致を断定的に指摘することもありますが、「質問」「明確化」「類推」などの形で相手に投げかけることもあります。

例えば、「さっきは嫌だったと言っていたけれど、今度は嫌じゃなかったと言うし、ほんとうはどうだったの？」と、言葉の矛盾に注目して子どものほんとうの気持ちを質問したり、「君は自分が悪かったと言っているけれど、A君には謝っていないし、ほんとうは自分が悪いとは思っていないんじゃないの？」と、言動の矛盾に注目して子どもの気持ちを明確化したり、「君の主張どおりにやってみるとどうなると思う？　そうだね。君の望んでいることとは少し食い違う結果になりそうだね。君、ほんとうはどうしたいの？」と、子どもの希望と子どもの主張との食い違いに注目し、その結果を類推するものなどがあります。

そして、矛盾や不一致、混乱が明らかになった後、そのことについて話し合っていくことになるのです。

②教師の自己開示

「教師の自己開示」とは、教師が自分の考えや感想（感情）、実際に体験したことなどを語ることをいいます。

例えば、「〜ということがあったと聞いたとき、僕は情けないやら、悲しいやら複雑な気持ちだったな」と教師の気持ち（感情）を伝えたり、「僕が中学生だったころは、多くは〜していたよ」と教師の体験を語ったり、「僕は△△については、だれもが平等な立場で考えられる世の中になってほしいと思うよ」と、教師の考えをオープンにしたりすることなどがその例です。

「自己開示」は、子どもに命令したり、押しつけたりするものではなく、「私は〜と感じる」「私は〜と思う」「私は〜したことがある」などと、「私」を主語として教師の感情、思考、体験などを提示するものです。そして、提示されたものをどう判断するかは、子どもに任されているのです。

③教師による事実の提示

「教師による事実の提示」とは、教師が子どもに情報を提供したり、具体的に状況や事柄を説明したりして、子どもを現実（事実）に対峙させようとするものです。

例えば、「君は生徒がみんな賛成していると言ったが、生徒会のアンケートでは賛成は全体の二割だよ」とか、「君はA君が××したと言うが、見ていた二人は、A君は○○していたと言っているよ」というぐあいです。

このとき、教師の感想や考えは語らずに、事実だけを情報として示します。子どもは、自分の考えと事実との間に隔たりがあるので、考え方を修正せざるをえなくなるのです。

④教師の自己主張（命令、禁止などを含む）

「自己主張」とは自分の意見や考えを言い張ることですが、教師が子どもを説得したり、指示や要求をしたりすることをいいます。教師が「～だ」と断定的に意見を言ったり、「～しなさい」「～してはいけない」と命令や禁止などをしたりする形で表現されます。

⑤その他

万策尽き、いかんともしがたいとき、なりふり構わずに教師の思いや感情を子どもにぶつけるというものがあります。分類上は、さきに述べた矛盾の指摘や自己開示、自己主張などの混在ということになります。人間にかかわる活動には理屈では割り切れない場面があるものです。これは、そんな場面をイメージしていただくとよいのではないでしょうか。

以上、対決法を五つに分けて説明しました。大切なことは、いま、自分が行っている「対決」は①～⑤のどれにあてはまるかを振り返るだけのゆとりがあるか否かということです。対決が文字どおりの対決（決闘）にならないためには、自分を客観的に見つめるゆとりが必要です。生徒指導の対決は、冷静な場面で活用される技法なのです。

対決法を使った指導例

対決による指導例を二例紹介します。一つ目は、生徒の矛盾・不一致を指摘したり事実を提示したりする例、二つ目は、教師が自己開示や自己主張をする例です。

①矛盾の指摘と事実の提示による対決

H君（高校一年生）に関して、私たちは最初、不登校として指導にあたっていました。ところが、彼は保健室では傍若無人に振る舞い、養護教諭を困らせていました。ほかの生徒たちもH君を嫌がって、保健室に行かないようになってしまうという状況でした。
H君は病院（心療内科）で治療を受けていましたが、最初から医師の指示を聞こうとしなかったり、症状が改善されてくるといろいろな理由を持ち出してきては中断しようとすることが報告されていました。生活面では、万引などの問題行動が現れ始め、学校では、H君の指導について修正が行われようとしていました。
これはちょうどそのころの面接の一場面です。
教師「（××病院の）Y先生は、君の症状はかなりよくなってもう少しで大丈夫だと言っているそうじゃないか。お父さんから聞いたよ。なのになぜ病院へ行かないの？」
H君「Y先生が嫌いだから」
教師「その前の（△△病院の）Z先生はやさしい先生だと言っていたよね。Z先生のところはなぜやめたの」
H君「よくならなかったから」
教師「Z先生は、君が指示（自律訓練法の練習）を守ってくれないので困っていると言っていたそうだね」

H君「Z先生の言うことはむずかしかったから」
教師「Z先生に言われたことを相談室で復習することになっていたけれども、そのことで君が相談室に来たのは一回だけだね」
H君「相談室に行く時間がなかったから」
教師「保健室でも復習することになっていたのに、一度もやっていないね」
H君「家でやっていた」
教師「じゃあ、練習するときの言葉を言えるかな？」
H君「ええと……。気持ちが……」
教師「君は口ではよくなりたいと言ってるが、先生の指示は聞かないし、よくなりかけると通院しなくなるし、ほんとうはよくなりたくないんじゃないの」
H君「……」
教師「いったい、君はどうしたいんだね？」
　日ごろ、受容だ、共感だと言っている立場からは、生徒を追い込んでいるようで、受け入れがたいものがあるでしょうが、雰囲気としてはこんな感じです。

この面接の後、H君は、「家にいても退屈だし、教室で勉強するのも嫌だった。それで、不登校ということにして保健室で遊んでいた」と語ります。さらに、「小学生のころ、ある事件をきっかけに先生が信頼できなくなり、ほんとうのことが言えなかった。それではいけないと思ってはいたけれど、その壁を自分の力で破ることができず、だれかがその壁を破ってくれるのを待っていた」と涙ながらに語ってくれました。

その後、H君は自分の問題行動を認め、生徒指導部の指導を受けることになりました。H君の事例は、教師が矛盾や事実を提示して、H君の破れないでいた心の壁を共に打ち砕いていったものです。教師は矛盾と事実とを冷静に伝えていくのですが、教師にとってはつらい活動です。教師にはこのつらさを乗り越えるだけの覚悟が必要となるのです。

②教師の自己開示や自己主張による対決

二つ目の事例は、自己開示や自己主張による対決の例です。

高校二年生のKさんは、子どものころから、ご両親にしかられることなく育てられました。「繁華街でアルバイトをしたい」というKさんの要求も、ご両親は認めてしまいます。アルバイトを始めてまもなくして、そのことが学校に知れてしまい、Kさんは生徒指導部の指導を受けることになりました。しかし、Ｋさんは、「お金を稼ぐのがなんで悪い。ちょっと帰りが遅くなるだけじゃん」という調子で、指導はいっこうに進みません。

生徒指導部の教師はねばり強く、何度も言い聞かせ、彼女の反省を促そうとしていました。しかし、横で見ていた私は、Ｋさんの甘ったれた態度に、我慢がならず、思わず大きな声で言いました。

「わがままもほどほどにしなさい。お父さんとお母さんが、高校生の娘が繁華街でアルバイトをすることを望んでいるとでも思っているのか。夜遅く家に帰ったとき、ご両親とも起きて待っていただろう。あなたがアルバイトに行っている間、親がどれほど心配していたか考えたことがあるのか。あなたに間違いがあっては困るという大人の心配がどうしてわからないんだ。これが自分の娘だったら、引きずってでも連れて帰るところだ」

この言葉はＫさんの心に届いたようで、その後、生徒指導部の指導に素直に従うようになりました。生徒指導部長は、「いままで、Ｋさんはほんとうに心配されているという実感がなかったんだな。先生にほんとうの親を感じたんだよ」と感想を述べてくれました。私はそのときたしかに、教師というよりも娘をもつ父親としてＫさんに接していたのです。

自己開示や自己主張による対決法は、教師自身のあり方・生き方が全面に出ます。「私はこんな考えで、こういうふうにして生きている。いったい君はどうなのだ」と、一人の人間として子どもに迫っていくのです。教師の生き方に信念があれば教師の主張が生きてきます。子どもの心に訴える力となるのです。

対決法は、親心に根ざした技法

現代は、個人中心、やさしさ優先の時代です。しかし、現実を無視した行き過ぎた子ども中心主義は、わがままで耐性を欠いた、無責任な子どもをつくり上げてしまいます。

対決法は、子どもが必要以上に保護的に扱われることを防ぎ、現実の問題から目を背けようとする子どもに「現実を見つめよ」と、率直に問題の核心に迫っていきます。しかし、ほんとうの対決法とは、たんに厳しいだけでなく、「母性を核にした父性」「慈父と厳父の共存」というような、親心に根ざしているものです。「思いやりややさしさを基調とし、子どもの成長を意識した対決」は、ときとしてその子の打ち破れないでいる壁を打ち破る力となり、思いもよらない未来を切り開くことがあります。

私は基本的には、「生徒指導には理論が必要である」という立場をとっています。自分の立ち居振る舞いの一つ一つに、理屈があるような指導ができればよいと思っています。しかし、それと同時に、理論や理屈を超えたところにも、生徒指導の活動は確かにあるとも感じています。

最初からよりどころもなく、人間性だけで勝負しようというのは無鉄砲な活動といえるでしょうが、理屈を超えた「人としての生き方」が最終的には問われるのは、生徒指導にかぎらず、どんな活動でも同じです。理論や理屈で割り切れないものにかかわっていくだけの柔軟さも、生徒指導には必要とされているのです。

子どもと共に現実に生きる覚悟を

さて、事例を通して具体的な指導の進め方をみてきましたが、問題行動のある子どもにかかわるときにはどんなことをするのか、そのイメージが伝わったでしょうか。

最初の、粘土細工を使ったリレーションづくりの指導例は、表現することの苦手な、言葉数の少ないG君の感性に訴えかけたものです。こうした指導が成立するのは、日ごろの学校生活の中で、子どもたちと教師との間に人と人とのつながりがあるからです。何度も問題行動を起こしながら、教師と子どもとの人間関係は維持され、そのうえに成り立つ指導がある、というのも生徒指導の特徴です。

文章完成法テストを利用した指導は、自分と向き合う活動でした。検査類以外にも、教師と子どもとの間には、宿題や進路の資料、雑誌など、いろいろな物をはさむことができます。ただ、何を間にはさめばよいかを判断するには、その子に対する教師の日常的な観察と、そのときの状況の把握が必要です。このときにはこれがいいというように、マニュアルにしにくいので、いくつかの手だてをあらかじめ準備して、トレーニングをしておくとよいでしょう。

ロールプレイング、対決法、ホットシートを活用した指導例は、自分の行動の意味を理解し動機づけを図ったり、抵抗や防衛を打ち破ったり、気づきを促したりするものでした。ロールプレイングでは、自分の考えだけだと「あいつが悪いんだ」ということですましてしまうことができても、相手の立場に立って考えると自分の行為がいじめになるという、事実の意味合いの違いに直面させました。

対決法は自分自身と対峙する方法ですが、ホットシートは他人から自分自身のあり方を指摘されるわけで、対決法としては厳しいものです。

対決法にはリスクが伴います。対決法による指導は、「打ち破ろうとして打ち破れない壁を、子どもと一緒に打ち破っていく活動」なのです。それはちょうど、飛び込めないでいる淵に子どもと一緒になって飛び込んでいくことに似ています。そして、教師だけが淵の上にとどまることの許されない活動なのです。教師には、子どもと共に現実に生き、共に人生を歩んでいく覚悟が必要なのです。

教師が面接室という安全地帯に引きこもって子どもの話に耳を傾けるだけという活動と、対決法の活動とは、その活動の意味が明らかに違うのです。私は、ここに、実践者として教師が忘れてはならないものがあると感じています。

なお、事例とその説明の部分は、拙著『生徒指導に教育相談を生かす』（ほんの森出版）に掲載したものを部分的に利用しています。指導の全体像は、そちらの書物でご覧ください。

第3節　カウンセリングを生かした個別面接の基礎知識

問題行動のある子どもたちへのかかわり方、つまりカウンセリングの個別面接の方法についての基本的な知識を整理します。

「カウンセリングの面接法」「個別面接の組み立て方・進め方」「構成法の生徒指導への生かし方」と順に進めます。

1　個別面接の技法

まず、カウンセリングを生かした個別面接の基本的な知識、「カウンセリングの面接法」について整理しておきます。「なおす」生徒指導は、多くは個別対応ですので、さまざまなカウンセリングの形態をベースにすることになります。

具体的な指導は、面接の技法によって進められていきますので、具体的な技法を習得していないと、指導自体が成り立たないことになります。

個別面接の技法について、詳しくは、『マイクロカウンセリング』(アレン・E・アイビイ著 福原真知子他訳 川島書店)を参照してください。

私はマイクロカウンセリングに示唆を得て、これまでに学んだ技法を次のように分類整理して用いていています。

①傾聴法――傾聴技法を使う方法。受容・繰り返し・明確化・支持・質問などの技法を使って話を聞く方法。例:「なるほど」「それは〜ということなんだね」

②支持法――傾聴法の一部だが、理論的な見地、類似の事例、自分個人の体験などから、根拠をもって言動を支持する方法。例:「そのことだったら、私だってそうですよ」「それは一般にありうることですよ」

③質問法――これも傾聴法の一部だが、開かれた質問と閉ざされた質問の、二つの質問の形を使って質問する方法。直接指摘するよりも質問の形をとるほうが、嫌な感じをもたずに考えたり、素直に実行できたりすることがある。例:「A君は、君にどんな感じをもったと思う?」「午後に訪ねてみるのはどうだろうか?」

④モデリング法――実際にその場でやって見せて、模倣させる方法。例:逆上がりを実際

にやってみせる。

⑤アドバイス法――相手が拒否できる可能性を残して、問いの形で助言する方法。例：「やめることについてどう思うの？」（※やめたほうがよいと言いたいとき）

⑥フィードバック法――行動した結果について、印象や評価ではなく事実を伝える方法。例：「君の発表後、同じようにする人が増えたそうだよ」

⑦強化法――特定の行動を促進させるために、ほめる内容をあらかじめ決めておいて、実施後にほめるなどの方法。例：「この時間は静かでよかったよ」

⑧自己開示法――自分の感情・価値観・考え方・経験・生い立ちなどを語る方法。例：「私はそれを聞いて、とても悲しい気持ちになったんだ」「私は自転車で日本を縦断したことがあるんだ」

⑨指示法――具体的に実行しやすいように指示をする方法。例：「（全体を読むのは大変だから）テキストの第一章だけ読めばいいよ」

⑩課題法――課題を与えて実行させる方法。例：「左右色違いの靴下を履いて町を歩くこと」という課題に従って町を歩いたが、だれもそのことに気づかなかった（※このことで、

人は自分のことをそんなに気にしていないことがわかった)。

⑪類推法――現在の状況ややり方を続けていくと、結果としてどうなるかを推測させる方法。例:「このまま黙っていたらどうなると思う?……そうだね、お互いに気まずさだけが残って、話もできないよね」

⑫論駁法――非合理的な、事実に即さない考え方を変えさせるために、相手の考え方を論破する方法。例:「君はどういう根拠でそう言ってるのかな」

⑬契約(約束)法――起こりうる事態を予知しておいて、「~したときにはこうするよ」と約束しておく方法。例:「君の私語がうるさいと思ったら、私は右手をあげるよ。そうしたら、君は部屋を出ていくんだよ」

⑭対決法――言動の矛盾(発言と行動の矛盾、前の発言といまの発言との矛盾など)の指摘、自己開示、禁止や命令、自己主張、事実の提示、感情の爆発などを使って、相手に気づきをもたらす方法。例:「さっきはやれると言ったのに、いまはやれないと言っているけれど、ほんとうはどっちなの」

ざっと技法の説明をしました。重要なのは、技法を使う人が、背後にどのような考えをもってその技法を使用しているかです。

例えば、質問法・自己開示法を取り上げても、信頼関係づくりのために使用することも、対決のために使用することもできるのです。ですから、教師が、どのような考えのもとに、技法の一つ一つを選択しているか、複数の技法をどう構成して、どのように運用するつもりなのかが重要になってくるのです。

2　個別面接の組み立て方・進め方

次は、こうした技法をどのような考えで組み立てて面接を進めていくかです。

さきに述べた技法を実際に使う場合、なんらかの考え方（理論）に従って面接を組み立てていきます。ここでは、①折衷主義による構成、②問題解決志向による構成、③特殊な構成の三種類を取り上げ、個別面接の組み立て方・進め方についてお話しします。

折衷主義による構成法

折衷主義による構成法として、國分康孝の提唱している「コーヒーカップ方式」、アレン・E・アイビイの「マイクロカウンセリング」、ロバート・R・カーカフが考案した「ヘルピング技法」、それぞれの展開法を示します。

コーヒーカップ方式――面接の全体を、aリレーションをつくる、b問題を把握する、c対応策・解決策を考える、の三段階で構成するというものです。徐々に受動的な技法から能動的な技法へ移行していくことが一般的です。（『カウンセリングの技法』國分康孝著　誠信書房）

マイクロカウンセリングの展開法――子どもの四局面（認知・感情・行動・意味）に働きかけ、「マイクロスキル連続表」を上下しながら、適切な技法を選んで面接を行います。面接が行き詰まると、中間の三技法に戻り、次に受動的あるいは能動的な技法のどちらを使うかを判断して、面接を継続していきます。（『マイクロカウンセリング』アレン・E・アイビイ著　川島書店）※参考…49ページ「面接技法連続表」

ヘルピング技法の展開法――a「かかわり技法」で面接を始め、b「応答技法」によって自己探索を進め、c「意識化技法」で自己理解が深まり、d「手ほどき技法」によって行動化が促される、という過程をたどります。状況に応じて応答技法以降の過程が繰り返

「コーヒーカップ方式」による面接の進め方

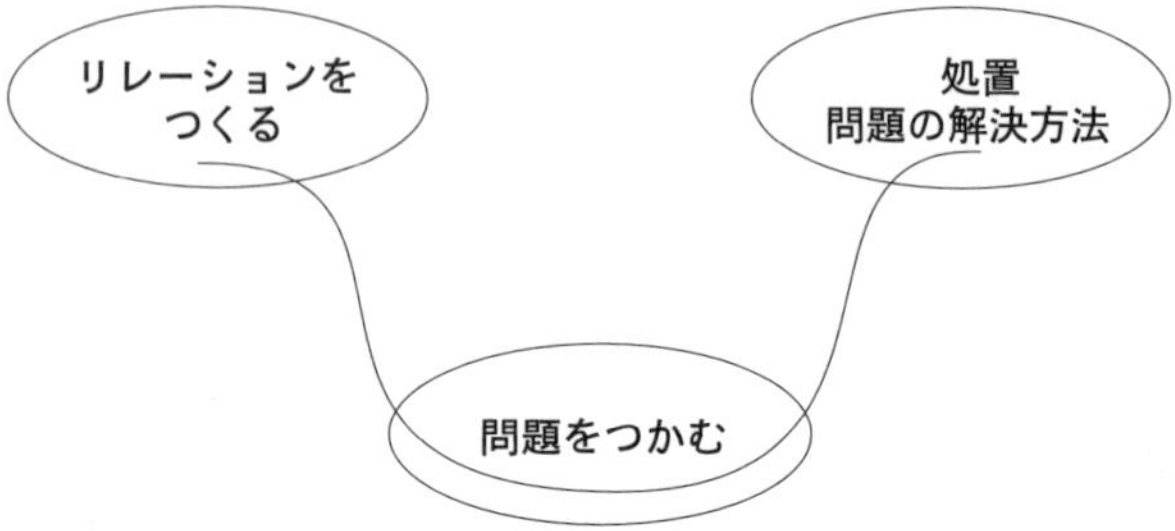

コーヒーカップの深浅は問題によりけりである。∨型もあれば∪型もある。しかし，三本柱は必ずある。

國分康孝『カウンセリングの原理』誠信書房　P127より

「ヘルピング技法」による面接の進め方

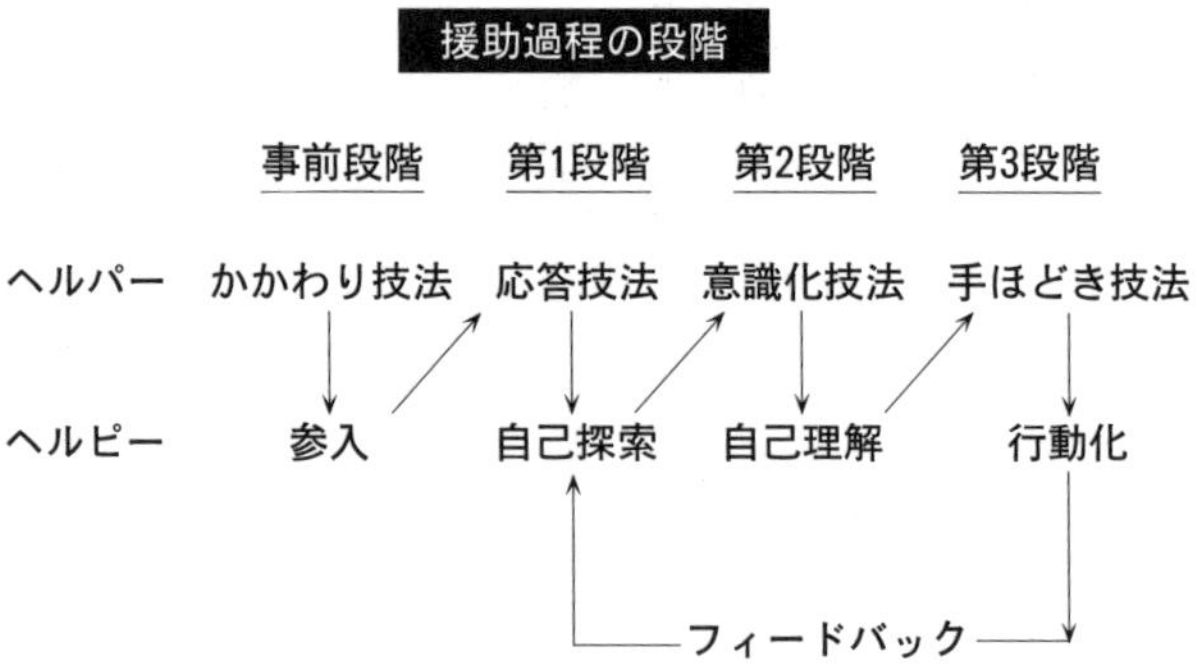

ロバート・R・カーカフ『ヘルピングの心理学』講談社　P25より

されます。(『ヘルピングの心理学』ロバート・R・カーカフ　國分康孝監修　講談社)

折衷主義に基づくこの三つの構成法は、応用範囲が広く、さまざまな問題やテーマに利用できます。詳しくはそれぞれの参考文献をご覧ください。

問題解決的志向の構成法

現在から未来に焦点を当てた「問題解決志向の強い構成法」も、折衷主義の構成法同様、生徒指導には応用しやすいものです。ここでは二つの形を紹介します。

ブリーフセラピーの構成法――ブリーフセラピーにはいくつかの型があるようですが、a話を聞く、bゴールについて話し合う、c解決に向けて話し合う、dアドバイスや指示・課題などを与える、という構成をとっているものがあり、学校で行われている面接の形を整理しているという印象があります。(『先生のためのやさしいブリーフセラピー』森俊夫　ほんの森出版)

現実療法の構成法――行動・願望・見方の三つの要素に働きかけ、a自分自身の五つの欲求(①生存・繁殖、②所属、③権力、④自由、⑤楽しみ)と願望を明確にし、b願望を満たすために行っている行動を確認し、cその行動の評価をし、d今後の行動計画を立てる、という過程が考えられています。（『人生はセルフ・コントロール』ウィリアム・グラッサー　堀たお子訳　サイマル出版会）

現実療法の初期の形態には、精神医学のアプローチを教育的な視点によって再構成しているという印象があります。（『現実療法』ウィリアム・グラッサー　真行寺功訳　サイマル出版会）

特殊な構成法

次に示すものは、個性的・特徴的な構成法による面接の組み立て方といえるものです。場面やテーマ、教師や子どものパーソナリティーによっては、思わぬ効果が期待できます。

実存主義的な構成法――人間の存在や生き方や人生観について子どもに答えを求められた場合、実存主義的なアプローチが適しています。これは面接の構成の仕方というよりも、面接の姿勢や生き方を支える哲学の問題としてとらえることが必要な分野です。（『カウンセリングの理論』國分康孝　誠信書房）

特定の思想や思考方法をもとにした構成法——特定の思考方法を行っていくことで、ある種の感じ方や考え方を学んだり、到達したりする方式です。例としては、内観法、森田理論、論理療法などをあげることができます。（『内観への招待』吉本伊信　朱鷺書房、『森田理論で自分発見』長谷川洋三他著　白揚社、『論理療法の理論と実際』國分康孝編著　誠信書房）

動きや作業を伴った構成法——ダブル、ミラー、自我分割法などのロールプレイング（含心理劇）の技法を活用する方式（『心理劇とその世界』増野肇　金剛出版）、ＫＪ法やフィッシュボーン（特性要因図）など、発想法やプレゼンテーションの方法を活用する方式（『問題解決手法の知識』高橋誠著　日本経済新聞社）、コーチング法やトレーニング法に従った方式、心理テストなどの検査類を使った方式。

以上、大きく三つの構成法を示しました。すべてをマスターすることは困難ですし、その必要もないようです。最初は、面接形態としてはオーソドックスな「コーヒーカップ方式」をお勧めします。それから活動的な「ロールプレイング的な方式」というように、少しずつ利用できるほかの構成法を増やしていけばよいと思います。

3　カウンセリングの構成法の生徒指導への生かし方

カウンセリングの基本はあくまでカウンセリングのためのもの。教師の行う生徒指導のための生かし方があります。カウンセリングの理論や技法の選択の基準や活用の目的を明確にし、それにそった技法の活用の仕方を考えていくことが大切です。

理論・技法の選択の基準

技法をどのように決定するか、最終的には教師による状況判断ということになるのですが、これにはいくつかの基準が考えられます。

例えば、子どもの抱える問題の内容や質、子どもの性格や人間的な能力、家庭の理解や協力の程度、指導を担当する教師の性格や経験・能力、利用できる部屋などの学校の施設の問題、指導の期間や出席日数などの時間的な制約などがあります。

基本的には、子ども個人の条件が優先されますが、出席日数や家庭の状況などを優先しなければならないときもあり、優先順位はそのときの条件によって異なってきます。しかし、その判断が、実はその後の指導の方向性を決定する最も重要なものになってくるのです。

理論・技法の活用の目的

子どもや家庭、教師などの条件の優先順位を考え方針を立てたら、次はさまざまな理論・技法をどのような目的で活用するかを考えます。リレーションをつくる、感情を発散し落ち着きを取り戻す、問題行動の意味を理解し指導への動機づけを図る、知識や能力などを身につける、などが考えられます。

それぞれの目的について、その内容を簡単に説明します。

リレーションをつくる――指導の入り口になるのがリレーション（心の絆）づくりです。子どもは一人一人さまざまな傾向をもっていますので、傾聴技法以外にも、さまざまなリレーションづくりの形を用意しておきます。例えば、教師の自己開示、描画や粘土細工、性格検査や進路検査類、一緒に掃除をしたり、掲示物を張ったりする作業によるものなどです。

感情を発散し、落ち着きを取り戻す――抑圧された感情（恨み、つらさなど）を発散させることによって、子どもが落ち着きを取り戻すことがあります。これも指導の導入の段階で行うことがあります。例えば、粘土を粘土板にぶつけて攻撃性を発散する、絵画によって口では語れなかった悲しみを表現する、傾聴されることによってつらさを語ることなどです。

問題行動の意味を理解し、指導への動機づけを図る――実際の生徒指導では、最もむずかしい部分です。何が自分の問題行動であるかを理解すること、問題行動を認めるために妨げになっているこだわりに直面することです。

①気づきを促す――自分の行為が周りの人にどんな迷惑をかけているかなどに無頓着な生徒には、それに気づかせることが必要です。例えば、役割交換法や鏡映法、ホットシート、内観法などを利用して、客観的な自己像を理解させる指導が行われます。

②抵抗や防衛を打ち破る――ほんとうの自分の姿に気づいていても、事実に目をつぶって現実を認めようとしない子どもには、その子のこだわりや恐れに正対させて、抵抗

や防衛を乗り越えさせることが必要です。明確化や解釈、対決法、役割交換法などが利用されます。

知識や能力などを身につける――新しい知識やスキル、考え方を学ぶことによって、問題行動が解消していくことがあります。これは指導全体の中では、後半部分の対応になることが多いようです。

①正しい知識や情報を得る――問題行動の原因が情報不足に起因しているようなときには、正しい情報を与えることで問題が解決することがあります。例えば、就職を希望している会社に推薦されないと思い込んだことから問題行動を起こしていた生徒に、状況を正確に伝えたところ、生活が落ち着いてきたということがあります。

②必要な能力・スキルを身につける――問題行動の原因が、対人関係能力の不足であるとか、状況を把握する力の不足であるなどという場合には、必要な能力・スキルを補うことで問題が解決していくことがあります。この場合には、ソーシャルスキルの方法を使って友人とのつきあい方を考え直すとか、エゴグラムや内観法によって自己分析力を身につけるなどの指導が行われます。

技法や理論を理解し、指導のための条件を考え、多様な理論・技法をどのような目的で活用するかを選択すると言いましたが、本来はこの内容が並行して考えられることになります。また、一人の教師から見た子ども像や状況判断には限界があります。最終的な指導の方法を決定するにあたっては、さまざまな場面でその子に接している複数の教師の考えを参考にして、決定していくことが大切です。不適切な方法の選択のために、その子が無用な負担を強いられたり、その子の良心の発露が妨げられてしまうこともあるのです。

例えば、自分と向き合う準備のできていない子に、教師が対決法でグイグイ迫っていくとか、絵を描くことにコンプレックスのある子に描画法を勧めたために、教師への反発が生まれて心を閉ざしてしまったなどということもありうるのです。その子の指導の目的にそった、無理のない、合理的な方法を選択することが大切なのです。

第4節　もう一つの「なおす」生徒指導

これまでは、「なおす」生徒指導として、集団のルール違反などの反社会的な問題行動のある子どもへの対応を考えてきました。ここでは神経症や不登校などの非社会的な問題行動のある子どもたちに対する治療的な対応について述べます。

これらの問題は、これまで心理療法的な考え方をする教育相談が得意とした分野ですが、私は教師の対応としては少し異なる点を意識すべきだと考えています。「なおす」生徒指導では、非社会的な問題行動への対応を考えるカギは「関係性」にあります。

1「個人内志向」から「関係志向」に

何度か繰り返してきましたが、私は、心理学や医学に基づく治療的な援助活動をそのまま教師が行おうとするのは無理があると思っています。

心理・医療的なやり方は「個人内志向アプローチ」であって、子どもの内面に迫り、なぜ不登校や非行にいたったのかを求めて、生い立ちやコンプレックスを探っていきます。これは、場面によって、また指導援助の一部分として必要ですし、教師が個人を考える視点は重要です。

しかし、現実から離れた相談室で、子ども自身の感じ方や考え方に焦点を当て続けると、ほかの人の感じ方や考え方に対して鈍感になり、ときには、他罰的、自己中心的な状態に陥ることがあります。そこで非社会的な問題行動に対しては「個人内志向」ではなく、「関係志向」で子どもを見ていくことを提案したいと考えています。

関係志向とは、その子とその子を取り巻く人や物や出来事との「かかわり」に着目し、「かかわり」に働きかけることで、その子を支え、成長させていこうという方法です。例えば学校には多くの教師や子どもたちがいて、行事や遊具・教具があります。家には保護者もいます。彼らと子どもの関係をとらえ、あり方を整理したり、複数の人間関係を調整したりするのです。

2 「関係志向」を支える理論

例えば、みんなと一緒に遊ぶのが苦手な太郎君への対応で比べましょう。いくつかの働きかけ方が考えられます。

①「たまには外で遊びなさい。みんな待っているよ。勇気を出して」（説諭）
②「どうして仲間に入れないのかな。何かつらいことがあったの？」（個人内志向）

③「太郎君ドッジボール好きでしょう。先生たちと一緒にしようよ」（関係志向）

実は、この③が「関係」に働きかける対応です。このように続きます。

まず教師が、遊んでいる二人の子どものところに、太郎君の興味のあるドッジボールを持って加わります。しばらく三人でドッジボールで遊びます。三人の動きがスムーズになってきたら、太郎君を誘って四人で遊びます。四人の遊びがスムーズに行われるようになったところで、教師はグループの外へ出ます。そして太郎君を含めた三人が自然に遊ぶことができるように、遠くから見守るといったような対応です。

この方法は、人間を関係的な存在ととらえていることが特徴です。関係という視点から太郎君の内と外の働きやあり方を考察し、関係に働きかけて成長を図っているのです。

では、この太郎君と何との関係に目を向けることになるのでしょうか。

私が参考にしている関係状況療法では、人間は「自己と人（ほかの人）と物」との三者のかかわりの中に存在すると考えています。そして自己・人・物の関係を分析する視点（内在、内接、接在、外接、外在）と、関係的な存在である人間を分析する視点（自己の構造、自己構造図）とによって、いまある関係に働きかける方法（三者面談法、アクションカウンセリングなど）を開発しています（参考…『関係状況療法』土屋明美監修　関係学研究所）。

めざすのは子ども自身が「自己と人と物」という三者の関係に働きかけて関係を結ぶ責任者となること、新たな関係をつくり上げることのできる人間に成長することです。そして最終的には自己と人と物とが、共に生かされ大事にされる関係をつくり出すことです。

クラスメイトに支えられたAさん

かつて私は子どもの生い立ちや内面を受け止めることで、問題を抱える子どもにかかわろうとしていました。ところが、実際の体験が私に「人間関係を通して支える」という発想の転換と確信をもたらしてくれました。

Aさんは思索的で寡黙な生徒でした。Aさんには少々心配な面があって、病院に通っていました。医師は、Aさんに学校の集団の中で生活をさせたいという方針でした。そういうわけで、Aさんは毎日登校してきますが、じっといすに座ったままでした。

私は学校で何ができるかを考えました。その結論は、Aさんと私たちとのかかわり方を考えることでした。特別な扱い方をするのではなく、Aさんとクラスメイトが一緒になって生活していくにはどうすればよいか、Aさんとクラスのみんなで何ができるかを考え、行動に移していくということでした。

例えば、隣の席の生徒は授業が終わると、Aさんに次の授業の持ち物を伝えます。ある生徒は教室の移動のとき、Aさんのペースに合わせて横に並んで歩きました。Aさんと当番になった生徒は、集めたノートを職員室まで一緒に運びました。掃除のときにはAさんにちりとりを持ってもらい、自分はほうきでゴミを集めてくるといったぐあいです。

Aさんは、ノートを運んだ職員室で教師に会釈をし、ちりとりを持つことでクラスメイトに「このゴミ入れさせて」と声をかけられ、そちらに移動していきます。クラスメイトはAさんと並んで教室の移動をすることで、Aさんの生活のペース、声をかけるタイミングを理解し、Aさんと自分たちとが一緒に生活できるリズムを見つけていきました。

以前は、Aさんを遠くから見ていたクラスメイトたちが、Aさんを含んだ集団として生活を始めたとき、Aさんの問題は解消に向かっていきました。机にじっとしているAさんには見られなかった「生活している」様子が、ほかの生徒と一緒にいるときには見られるようになったのです。

人間の生活は、いまある人とのかかわりがあるからこそ、いまこの生活の形をしている。その人を取り巻く「関係のあり方」が、その人の「人としてのあり方」を生み出していることを痛感しました。

木の実を接点として新たなかかわりをもったBさん

もう一つの事例は、このような私の気づきを確信に変えてくれた経験です。

私が面接を担当した小学生のなかに、お父さんと弟さんと三人で相談室に訪れてくるBさんがいました。当時、子どもと相談員が一対一で面接を行うべきところを私は、家族三人と私の四人で、近くの雑木林や田んぼなどに出かけるようにしていました。何か違うことをしなければならないような行き詰まりを感じていたのです。春にはレンゲ畑の中を歩き、田植えのころには水田をのぞき、夏には新緑の葉っぱを眺め、昆虫を探し、秋には木の実を拾いながら林の中を歩いて面接時間を過ごしました。

ある日、Bさん、弟さん、お父さんの順で並ぶように歩いていました。Bさんが木の実を拾うと弟さんが受け取って、お父さんに渡されていきました。

ところが弟さんが何かに気をとられたとき、Ｂさんの後ろをお父さんが歩くことになりました。それに気づかないＢさんが振り返ったとき、お父さんがふとＢさんの手から木の実をつまみ上げました。Ｂさんは一瞬でしたが、目を丸くして立ち止まってしまいました。

それまでのＢさんとお父さんとはなにやら遠慮のある関係で、二人の間にはいつも弟さんがいて、橋渡しをしていました。そのときは思いがけず、Ｂさんの手から直接お父さんが木の実をつまみ上げてしまったのです。

三人の関係がここから変わっていきました。

その後、Ｂさんがお父さんの前に木の実をのせた手を出し、そこからお父さんが木の実をつまみ上げる様子が見られるようになりました。Ｂさんとお父さんは、木の実によって、新しいかかわり方を見つけていったようでした。

これは、Ｂさんとお父さんとの関係が調整・修復される場面です。それまでの弟さん（人）を仲立ちとした関係から、木の実（物）を新たな接点として、Ｂさん（自己）とお父さん（人）は新たなつながりをもつことができたのです。

そして、こうした場面を積み重ねていくことで、四人が自然な関係で動いたり、話をしたり、物を受け渡したりすることができるようになり、三カ月後には担任の先生から「Bさんと学級の子どもたちとの関係がずいぶんよくなってきました」と報告を受けました。

Bさん個人の内面を追求するというよりは、Bさんと物や人とのかかわり方に働きかけたことで成果を実感し、私は背中を押されたような気がしました。関係の変化を実感すれば、子ども自身が変化に従って動くことができるようになります。関係への気づきは、日常生活での具体的な行動の仕方と子どもたちの確かな成長に結びつくのです。

この節のテーマである、非社会的な問題行動をもつ子どもへの「なおす」生徒指導は、「個の内面に深く潜行していく個人的、言語的、閉鎖的治療」ではなく、「関係に焦点を当てた集団的、行動的、開放的治療」へ転換する必要があります。しかし関係を読み取る理論やその実践はまだ完成されていません。生徒指導の再生を実現するには、「関係の中で個の意味を読み取る理論」をつくり上げ、着実に先へ進むことが必要なのです。

第3章

「育てる」生徒指導に生かすカウンセリング

「育てる」生徒指導とは，日常の教育活動の中で，子どもたちの成長を図っていこうという，開発的な視点をもった生徒指導のことです。

子どもたちの成長を考えるという視点からは，個別にかかわることも大切ですが，集団を対象としたかかわりが重要になってきます。

なぜなら，子どもたちの成長は，他とのかかわりなくしては考えにくいからです。

人は「社会的な存在」であり，それは，「人が人とのかかわりの中で生きていく存在である」という意味なのです。

第1節では，学級（集団）の中で生活することと子どもの成長にはどのような関係があるのか，について考えてみます。

第2節では，「集団づくり」のよりどころとなる理論や具体的な活動についてお話しします。

第1節　子どもの成長を促す集団づくり

第三章は、差し迫った問題の有無にかかわらず、子どもたちが大人になるために成長・発達することを促す「育てる」生徒指導がテーマです。

第一節では、集団（学級）の中で生活することが個々の子どもの成長を促すことについて、そして教育力のある集団とはどのような集団なのか、順を追って述べていきます。

1　集団の中で何が成長するのか

かつて私は、個人の内面を掘り下げていく治療的なカウンセリングに違和感を感じていました。

そしてあるとき、集団と個人が作用しあい相互に成長していく現実にふれて、カウンセリングによって生徒指導が変わっていく可能性を感じたのです。

つながりによって成長する

以前、不登校の子どもたちのことを相談しに、医師や心理職の方を訪ねたことがあります。何とか登校させる手だてはないか、何とか受験させられないだろうかと、相談をもちかけたのです。そのとき返ってきた言葉はこうでした。

「無理に学校に行かせる意味がどれほどあるのですか。その子が生活できないと判断した集団に、どうして無理矢理に引き戻すんですか」「何を望むかは本人が決めることです。入試が大切だという価値観を押しつけてはいませんか」

狭義の医療や心理療法では、子どもの意志を尊重し、個人としてのあり方・生き方の追求を目標にしています。集団やグループを考えるときも、個人が適応できる場というように、あくまで個人の視点からとらえている感じがありました。

それから数年後、S医師との出会いがありました。私が学校の生徒のことについて相談すると、S医師からこんな答えが返ってきたのです。

「生徒さんの症状の治療だけを考えるならば、日常生活から隔離して行うほうが効率がいいかもしれません。しかし、これから成長していく高校生であることを考えると、可能なかぎり通常の学校生活を送りながら治療をしていきたいと思うのです。もしも日常の生活を奪ってしまえば、その子は生活経験を積み重ねていくことができなくなり、人間としての成長がストップしてしまう気がするのです。よくなってからそうした経験を積めばいいじゃないかという意見もあるでしょうが、人間の経験にはその年齢のときだからこそ意味があることがあります。経験を積んで人として成長していくことが、精神的な病を克服する力となっていくのです。ですから、学校の集団の中で生活する意味は大きいのです」

S医師は、集団の中で生活していくことに、治療的な意味を見いだしているようでした。

私は、この話を聞きながら、これは、医療・心理療法と教育の両者の立場を見すえた考えであると思いました。そして、不登校の子どもたちを登校させようとしてきた私たち教師の対応は、一つの教育的な選択肢として意味のあることなのだと感じました。

教師自身は明確に意識していないかもしれませんが、「子どもは独立した存在ではあっても、ほかの子どもたちとのつながりを通して成長していくものである」、つまり、「個人の成長と集団の成長との相互作用の中に子どもたちは生きている」という考え方をはっきりさせておくことは大切なことだと思うのです。

「幅の広い人間」に成長する

普通の子どもたちの成長と集団との関係はどのように考えられるのでしょう。

宿泊訓練について、保護者を対象として行った説明会でのことです。一人のお母さんが合宿の意義について疑問を投げかけました。

「私は、こうした集団生活が子どもの負担になるようで心配です。いまの子どもたちは一人の部屋をもっていて、自分の生活のペースがあり、お風呂も一人で入ることが普通になっています。子どものプライバシーが守られるような時代になっています。宿泊先では大勢で一緒の部屋に寝たり、お風呂に入ったり……。合宿ではいじめもあると聞きますし、大丈夫なのでしょうか？」

私は、個人の人権意識が高まってきた社会の風潮を考えると、保護者からこうした意見が出されるのも当然かもしれないと思いながら、どうしたものかと思案していました。すると、別のお母さんが手をあげて、遠慮がちにこう言いました。

「私は少し違う考えをもっています。うちの子には、ほかの子どもたちの中でもまれて、大勢の子どもと一緒になって生活できるだけのたくましさを身につけてほしいと思っています。何かあるとすぐに、『僕はこうする』とか、『こうしたくない』とか、いつも自分のやりたいことやできないことを言わなければ生活できないようなひ弱な主張をする子どもにはなってほしくありません。ほかの子どもたちの意見や行動をある程度は受け入れて、みんなに合わせて生活できるような幅のある人間になってほしいと思っています。ですから、集団で生活することは子どもにとってよいことだと思っています。ただ、いじめなどのときには、きちんと自分を主張のできるような強さをもってほしいとは思っています。私もいじめは心配ですので、子どもたちに任せっきりではなく、先生方に適切にかかわっていただいて、たくましく集団生活を送れるようになってほしいと思っています」

このお母さんの「自己主張は必要にしても、いつでもどこでも自己主張しなければ生きていけないとなると、それは幅のないひ弱な人間としての生き方でしかない」という発言には、なるほどと合点がいきました。人の主張に従っても自分のあり方を見失わないような「幅のある人間」として成長することこそ、ほんとうの強さだと思いました。そして、

「大勢の人と一緒になって生活できるだけのたくましさのある人」として成長するためには、学校生活の中で、みんなとレクリエーションをやったり、本音で議論したり、作業をやったり、トレーニングをしたりすることは、たしかに必要なんだと実感したときでもありました。

ただしこの要求は、教師にとっては厳しいものです。仮に、集団が「幅のある人間」の集まりであれば、子どもたちは互いを認め合いながら成長し、それに伴って集団も成長していきます。個人と集団が共に成長していくサイクルが生まれます。

ところが、もし「ひ弱な主張」をしなければ生活できない子どもたちの集まりであれば、集団には子どもを成長させる力が乏しいでしょう。この場合、教師が子どもたちを適切に指導していかなければなりません。しかし、この点においても「なおす」生徒指導と同じように、教師の経験主義的な判断によって指導がなされている部分が多く、一人一人の教師によって指導に違いがあるというのが実情のようです。

私は、個人と集団にかかわる指導の理論を整理して、多くの教師が共通に議論でき、実践できる環境を整えていく必要性を強く感じています。

2 「教育力のある集団」とは

ここでは、互いを認め合いながら共に成長しあえる「幅のある人間」の集まり、つまり「教育力のある集団」をつくるためには何が必要なのか、明らかにしていきます。

「教育力のある集団」の四つの要素

教育力のある集団では、広がりと深まりのある学習活動が効果的に行われることで、子どもたちが毎日の授業で成長し、成長した子どもたちがまた学級を成長させていくというサイクルが生まれます。では、どうしたらそのような集団ができるのでしょうか。

私は、「人間関係におけるスキルが身についていて、お互いの本音を受け入れ、それぞれのメンバーが自分の役割を意識しながら行動している集団」を育てることだと考えています。教育力のある集団の要素として、次の四点を満たすことをあげます。

①人間関係のスキルが身についている

「人間関係のスキル」つまり、一般常識としてのほかの人とのかかわり方が身についていていることです。例えば、朝や帰りのあいさつやお礼がきちんと言えること。人の協力を得たいときは、「すみません。これ、理科室まで運んでください」などと頼めること。自分にできないときは、「ごめんなさい。私には重くて持てないんです」などと断ることができるなど、言葉と動作によって、自分のやりたいことをきちんと表現できることです。

②互いに本音を受け入れている

それぞれのクラスメイトの本音をお互いに受け入れながら生活をしていることです。例えば、「もう少し踏み込むと、それは人間として納得がいかないよ」「日ごろのAさんの努力を考えると、とても悲しいな」などと、自分の心のあり方や気持ちを、きちんと相手に伝えられるということです。また、その人の内面の吐露に対して、「そうなんだ」「君には、それが許せないんだね」など、その人の考えや気持ちに耳を傾け、受け止められるということです。

③自分の役割が理解されている

集団における「自分の役割」（権限と責任、権利と義務）が理解されていることです。これは、例えばみんなで文化祭の出し物を作るときに、どういう手順を踏んでいけばいいのかといった、集団におけるリーダーシップ、チームワーク、コンセンサスのあり方などについて、理解されていることを意味しています。組織としての要素です。

④集団（学級）全体で行う学習の効果が高い

これは、授業や体験活動、調査・研究活動などが、集団（学級）全体で行うことによって、より効果の高い学習となっているということです。例えば、学級全体で行われる聞き取り調査で、子どもたち一人一人が、与えられたテーマ・役割に従って聞き取りをし、それぞれが、感じたこと、考えたこと、学んだことなどをまとめながら、調査を続けていきます。さまざまな気づきのある学習活動が、組織的・系統的に展開されるということです。

集団づくりのノウハウを整理する

この四つの要素を満たすのはたしかに理想であり、常に教育力のある集団に成長させていくことは至難のわざといえます。しかし、力量があるといわれる教師は、こうした集団づくりを行っていますし、多くの教師は、少なくとも一度はこうした学級を担任した経験をもっているようです。

では、「どうして、そういう学級をつくり上げることができたのですか」と聞いても、そのとき学級にいた子どもたちの個性や教師個人の考え方や方法が語られることはあっても、そこからだれにも通用する理論や技法を導き出すことはなかなかできません。

いま、学級の集団づくりに必要なことは、先輩教師から口伝えのようにして受け継がれてきた集団づくりのノウハウを整理し、多くの教師がそのノウハウを身につけることのできる理論と方法を提示することです。本書では「体験的グループ活動」を適切に実践することが大きな効果をもたらすと考えています。

第2節　集団の教育力を高める四つの活動

ここでは教育力のある集団をつくるために有効な、体験的グループ活動について説明します。さきにあげた「教育力のある集団の四つの要素」に対応させてグループ活動をあげると、次のようになります。

①**「人間関係のスキルを理解する」ための活動**――「ソーシャルスキルトレーニング」（S

ST）

②「メンバーの本音をお互いが受け入れていく」ための活動――「構成的グループエンカウンター」（SGE）

③「集団における自分の役割を理解する」ための活動――「グループワークトレーニング」（GWT）

④「集団の学習活動が効果をあげる」ための活動――「カウンセリングを生かした授業展開」と「参加型体験型の学習活動」

学級でこうした活動を行う場は、小学校であれば授業をそのまま利用できます。中学校や高等学校になると、教科の授業中に活動を行う時間を確保することがむずかしくなってきますので、朝の会や帰りの会、学級活動（HR活動）、道徳の時間や総合的な学習の時間を利用し、それ以外にもクラスや学年単位の宿泊活動、学校行事などを利用していくことになります。

また、数カ月や一年という期間で学級づくりを考えるならば、学級が落ち着きのない段階ではSSTを中心にして活動を組み立て、学級が落ち着いてきたところで、徐々にSG

Ｅ、ＧＷＴ、参加型体験型の学習活動を導入していくという展開が考えられます。

小学校から高等学校までという長いスパンで考えるならば、小学校の低学年では、レクリエーションゲームやＳＳＴを中心にして、楽しい集団活動の中で人間関係の基本的なスキルや常識を学んでいきます。子どもが小学校の高学年、中学校、高等学校と成長していくにつれて、ＳＧＥやＧＷＴを中心とした活動に比重を移していけばよいのです。子どもたちは成長するにつれて、人間関係に関する基本的なスキルをもとにして、本音を語ることのできる人間関係をつくっていき、集団におけるリーダーシップやチームワークなど、役割意識を身につけていくのです。

こうしたプロセスを踏んでいくと、集団を無理なく成長させ、子どもたちが年齢にふさわしい成長を遂げていく援助をすることができるのです。

では、四つの基本的な活動について説明していきましょう。

まずは、「ソーシャルスキルトレーニング」を活用した人間関係のスキルや常識を身につける活動についてです。

1　人間関係のスキルを理解する活動（ＳＳＴ）

ソーシャルスキルトレーニング（ＳＳＴ）を考えるとき、『ソーシャルスキル教育で子どもが変わる』（國分康孝監修　小林正幸、相川充編著　図書文化社）が参考になります。同書では、「良好な人間関係を形成し、それを維持していくために必要な知識と人間関係に関する具体的なコツや技術」のことを総称してソーシャルスキルと呼んでいます。

ソーシャルスキルとは、①あいさつの仕方、②自己紹介、③上手な聴き方、④質問する、⑤仲間の誘い方、⑥仲間への入り方、⑦あたたかい言葉かけ、⑧気持ちをわかって働きかける方法、⑨やさしい頼み方、⑩上手な断り方、⑪自分を大切にする、⑫トラブル解決策の考え方、などです。

ソーシャルスキルを学ぶときには、言葉で教える、行動の結果から学ぶ、人のまねをする、試してみるなどの、トレーニング的な方法がとられます。同書では、単純にトレーニングや学習をするというのではなく、体験型の活動の中でソーシャルスキルを学んでいく工夫がなされていて、学校の活動に組み込みやすい形をとっています。

まず、同書から、「聴き方のトレーニング」を例にあげてお話しましょう。

SSTエクササイズ①「聴き方のトレーニング」

聴き方のスキルの習得は、自己開示的に語るスキルとともに、これからお話ししていくさまざまな活動の基礎になるものです。

トレーニングでは、まず、子どもたちに好きなテレビ番組のことなどを話してもらい、教師がよい聴き方と悪い聴き方を実演してみせます。その場面を見ていた子どもたちから感想や意見を聞き、「話を聴くための三つのルール」（①話をする人のほうに体を向ける、②話す人を見る、③相づちをうつ）を導き出すのです。その後、子どもたちを二人組にして、相互に聞き役と話す役になって、聴き方の実習を行います。終わったら振り返りの会をもちます。

聴き方のトレーニングというと、カウンセリングの実習が頭に浮かぶ方もいるでしょう。それをカウンセリングの形式ではなく、日常の一場面の雰囲気を残して日常会話のあり方を体験的に理解させるところに、この活動の面白さがあるのです。

同書では、この一連のトレーニングの展開を、①インストラクション（スキルを言葉で教える）、②モデリング（スキルの見本を見せてまねさせる）、③リハーサル（頭の中や行動で何回も繰り返させる）、④フィードバック（事実の指摘によって、ほめたり修正したりする）とまとめています。この流れは、体験的な活動の一般的な展開方法として理解できますし、ほかの活動を展開するときに応用のきくスタイルでもあります。

SSTエクササイズ②「やさしい頼み方のトレーニング」

もう一例、同書から、「頼み方のトレーニング」を紹介しましょう。日常生活の中で、よく直面する場面のトレーニングです。

インストラクションでは、頼み方を練習する意義について説明し、モデリングでは、ある場面や条件を設定して頼み方の手順を提示し、教師が見本を示します。頼み方の手順は、①頼みごとをしなければならない理由を述べる、②何を頼みたいのか具体的な自分の要求を述べる、③その要求を満たしてくれたときの結果について述べる。以上の三点です。

例えば、友達に大きなプランターを一緒に運んでもらいたいと思っているとします。まず教師が模範を示します。「このプランターを運ばなくてはいけないんだけど、裏庭まで一緒に運んでくれたら、とっても助かるのだけど」といったぐあいです。リハーサルでは、四人程度のグループをつくり、子どもたちがそれぞれに考えた頼みごとをほかのメンバーに頼んでみます。最後にフィードバックで互いの頼み方を修正しあって、一連のトレーニングは終了します。このような手順と雰囲気で、ＳＳＴは進められていくのです。

日常生活への生かし方

ＳＳＴでは、仲間の誘い方や仲間への入り方、ものごとの頼み方や断り方、自己表現の仕方、ほかの人の主張の受け止め方など、社会で生活していくうえで必要な方法を理解して、技術をマスターし、良好な人間関係をつくることをめざして、トレーニングを行っていきます。

ＳＳＴの目的は、トレーニングで身につけたスキルが日常の生活で活用できるように、ルールを学び、体験的な活動を通して、実感のある理解につなげていくことにあります。

そうすると、学校の日常の場面では、

教　師「Fさん、いま、自分の気持ちをTさんに伝えられたと思う？」
Fさん「ううん。伝わっていないと思う」
教　師「そう……。人に気持ちを伝えるときにはどんなことに気をつけるのだったかな」
Fさん「まず、相手に近づいて、それから相手をきちんと見て、相手に聞こえる声で、笑顔で話をするんでした」
教　師「そうだったね。いまのTさんへの話し方はどうだった？」
Fさん「Tさんをきちんと見れなかった。それから、笑顔がだめだった」
教　師「そう。じゃあ、もう一度やってみようか。TさんもFさんに協力してくれる？」
Tさん「いいよ」
教　師「ありがとう。じゃあもう一度やってみよう」
というようなやりとりも生まれてくるでしょう。
スキルというと、なんだか功利的なにおいがして、敬遠してしまう人もいるかもしれませんが、なにごともスキルなくしてはその内容を伝えることはできません。とくに、「育てる」生徒指導においては、その基礎として、子どもたちにソーシャルスキルを学ばせることは必須事項であるといってもよいでしょう。

　さて、「人間関係のスキル」を身につけさせた後には、「本音で生活すること」を学ばせたいものです。

2　本音で生活することを学ぶ活動（ＳＧＥ）

「構成的グループエンカウンター」（ＳＧＥ）の原典は、國分康孝の『エンカウンター』（誠信書房）です。そのほか、近年、『構成的グループ・エンカウンター（正・続）』（國分康孝編　誠信書房）、『構成的グループ・エンカウンターの原理と進め方』（國分康孝、片野智治　誠信書房）、『エンカウンターとは何か』（國分康孝他著　図書文化社）など、多くの書物が刊行されています。

　ＳＧＥを簡略に説明すると、「各種の課題（エクササイズ）遂行による、本音と本音のやりとりを通して、自己理解、他者理解を促し、それを自己受容、他者受容にまで深めて、ふれあいのある人間関係を築いていこうとする活動」であるといえます。

　ＳＧＥの活動自体については、エクササイズ集と呼ばれるものがあります。代表的なものをあげると、いずれも國分康孝監修で、図書文化社の『エンカウンターで学級が変わる』シリーズと、瀝々社の『人間づくり』シリーズがあります。二つのシリーズ本は、小学校編、中学校編、高等学校編と分かれていて、それぞれの校種にマッチした使い方ができるように工夫されています。とくに、『エンカウンターで学級が変わる』シリーズ中の『ショートエクササイズ集』（國分康孝監修　林伸一他編集）は校種に関係なくエンカウンターのエッセンスを凝縮した活動を集めていますし、『人間づくり』（國分康孝監修　縫部義憲、岡田弘編集）シリーズの第五集は成人を対象とした活動を集めた特色のある書物です。

ここでは、SGEのエッセンスともいえる活動を集めた『ショートエクササイズ集』を参考にして話を進めていきます。

SGEの活動には「本音と本音による人間関係（ふれあい）」があります。メンバー同士の分け隔てのない関係を通して、自らの内面に切り込んでいくところにSGEの醍醐味があるのです。

SGEの活動は、①ウォーミングアップ（活動への準備）、②インストラクション（活動の説明）、③エクササイズ（実際の活動）、④シェアリング（振り返り）、⑤まとめ（リーダーの自己開示的なコメント）というような展開をとるのが一般的です。

SSTの「モデリング」がSGEでは「インストラクション」に、「リハーサル」が「エクササイズ」に、「フィードバック」が「シェアリング」に変わっています。この違いは、SSTでは「マスターする」という要素が強く、SGEでは「チャレンジする」という要素が強い、というところからきているようです。

では、フィードバックとシェアリングを取り上げて、マスターすることとチャレンジすることの違いを説明しましょう。

両者はともに「振り返り」ではあるのですが、SSTで「フィードバック」といったときには、例えば、「『私も楽しかった』と言ったのは、『気持ちをわかって働きかける』とそのやり方どおりだったよ」などと、その人がとった行為についての明確な資料を与えるなど、「スキルを身につけるためにお互いに事実を指摘しあうこと」を意味しているようです。

いっぽう、SGEの「シェアリング」は、例えば、「『あなたに会うと元気が出ます』と言ってくれたとき、私はとってもうれしくなりました」などと、メンバーがそれぞれの内面にかかわっていくために、自分が考えたことや感じたことなどを、お互いに表明（開示）しあうことを意味しています。

ある活動を終えたいま、感じていること、考えていることなどを自由に話し合い、お互いを確認しあうのです。SGEがシェアリングで活動を終了させるのには、こうした意味があるのです。

では、SGEらしい活動をいくつか紹介したいと思います。

SGEエクササイズ①「Q&A」

二人組（ペアワーク）で行うのが基本形で、一方がインタビュー役、もう一方が答える役です。まず、リーダー（教師）が、「相手がどんな人なのかを知るための取材面談です。後でほかの仲間に紹介してあげるときの材料を仕入れるつもりで聞いてください」とインストラクションします。そして、デモンストレーションをして見せます。初めは、「どちらにお住まいですか」「好きな食べ物は何ですか」など表面的なことを聞いていきます。これがリレーションづくりで、導入としての活動です。

次に、相手の内面に少しふれるような質問に変えていきます。例えば、「あなたの大切なものはなんですか？」と質問します。インタビューされた人は、自分の大切なものでふと頭に浮かんだものを短い言葉で答えるのです。

この質問も一回だけなら、多くは「マウンテンバイクです」という程度の答えが返ってきます。そこで、「具体的なものでなくてもいいですよ。ほかにはどんなものが大切ですか」と質問を二度、三度と繰り返していくうちに、「家族です」とか、「誠実に生きる姿勢です」などといった、その人の人生観にかかわるようなレベルの答えが返ってくるようになります。またなぜそれが大切なのか、その理由を聞いてみるのもよいでしょう。

テーマも、「ほしいもの」「つらかったこと」「うれしかったこと」、また、「自分が落ち着く時間・場所」や「理想の友達とは」「将来の夢」「幸せを感じるとき」というように変えていきます。

これは単純なエクササイズですが、日常の生活や友達のこと、自分の未来像、人生観など、心の内面を聞いていくことで、多面的な自己分析を促すことができる、内容の濃い要素を含んだ活動なのです。簡単なリレーションづくりから自分を見つめる内容の活動まで、幅の広い展開が可能です。

さきに述べたソーシャルスキルトレーニング（SST）でも、同じようなインタビュー形式で聴くトレーニングを行うときがあります。このときには、「好きなテレビ番組」などといった具体的・日常的なものをテーマとして、人の内面にふれるような質問はあまり行いません。目的はスキルの習得ですので、答える内容に意識が向きすぎないような配慮もあるのです。それに比べてSGEの「Q&A」は、答える人には自己開示を、聴く人には傾聴（受容・共感）と他者理解の姿勢を要求しています。スキルよりも人の内面に焦点を当てた活動をめざしているのです。

「Q&A」の活動を、リレーションづくりとして行う場合、インタビューの時間は一～二分程度でよいのですが、相手の自己洞察や自己分析を手助けするために行う場合は、五分～十分程度の設定がよいでしょう。グループのメンバーの数も、三人、四人と増やしていくと、インタビュー役とインタビューされる役以外に、第三者の立場から二人の様子を観察する役が設定できて、立体的な振り返りを行うことができます。テーマや時間、グループの人数の設定を変えていくことによって、活動の意味合いを変化させていくことができます。これが、構成的グループエンカウンターの「構成法」ということなのです。

SGEエクササイズ② 「ヘルプ・ミー」

さて、もう一つ、相互援助・相互理解の活動によって信頼のある凝集性の高い集団をつくろうとする、SGEらしいシンプルな活動を紹介しましょう。

『エンカウンターで学級が変わる・ショートエクササイズ集2』（図書文化社）にある「ヘルプ・ミー」（静岡市立美和中学校・大高千尋著）は、グループカウンセリングの形を、SGEのエクササイズに応用したものです。

まず、五人くらいのグループをつくり、そのうちの一人が、ほかのメンバーに、例えば、「スポーツインストラクターになる学校に行きたいのですが、父親が反対していて、どうしたらいいか迷っているんです」などと、困っていることや解決したいことを説明します。そして、「もし、みなさんだったら、解決のためにどんなことを考えますか。どんな方法を使いますか。意見や感想、よいアイデアを聞かせてほしいんです」と投げかけます。

グループのメンバーは、自分だったらこんなふうに考える、こうする、と自分が思いつく考え方や解決方法を自由に発言します。メンバー同士がお互いに議論してもかまいません。提案者はメンバーの状況理解に不十分な点があれば説明しますが、基本的にはメンバーの意見や議論を聞いています。

あらかじめ設定された時間がきたところで、意見交換をストップし、提案者にメンバーの意見や議論を聞いた感想を述べてもらいます。「Aさんの『お父さんに突っかかるだけじゃなくて、心配な気持ちに耳を傾けることも必要なのでは』という意見は、私もそうは思います。ただ、父と最近話をしていないので、どういうチャンスがあるか考えてみます。Bさんの『スポーツインストラクターになると言い張るだけじゃなくて、その職業がどんなものかきちんと説明したり、進学を考えている学校を見学してから判断してほしいと、もっと冷静に情報を伝える』という意見は、私の、父に対する甘えを指摘されているようでした。父が安心するようなことはやっていなかったようです。これはやってみます」などと、提案者が受け入れやすい意見などについてコメントします。提案者の受け入れにくい意見や方法についてもコメントできれば、もっとよいのです。

最後に、メンバー全員で振り返りを行い、自分が意見を言い、またメンバーの意見を聞いて、一人一人が感じたこと、考えたことなどを自由に語ってもらいます。

この活動の目的は二つあります。一つは、メンバーを理解して、メンバーの問題解決を援助することです。もう一つは、メンバー各自が、自分自身についての洞察を深めていくということです。これは、人の問題解決の援助をしながら、各自が自分自身の問題を見つめていくことであり、他人と自分のものごとの受け止め方の共通点と異なる点に気づいていくということなのです。

「ヘルプ・ミー」は、グループカウンセリング、ピアカウンセリング、ヘルピング技法の考え方をヒントにして展開されていて、さまざまな気づきのあるエクササイズです。

日常生活への転移とＳＧＥの自己洞察

「ヘルプ・ミー」のような活動を継続していくと、子どもたちの中に、自然に、自己開示的に自分の考えや感想を述べ合って、お互いを確認しながら問題を解決していこうとする雰囲気が生まれてきます。

例えば、日常のふとした場面で次のような会話がかわされることもあるでしょう。

K　君「昨日の班の話し合いでは、Gさんに十分に意見が言えなかったし、決まったことにも納得がいかないんだ」
Mさん「意見が言えなかったのは残念だったけど、何かあったの？」
K　君「実は、先週、Gさんと口げんかして、何か言うとまた口論になりそうで、意見が言いにくかったんだ」
Mさん「K君は、Gさんになんて言いたいの？」
K　君「僕はGさんの意見に反対じゃなくて、僕はGさんの提案のようには動けないだけなんだ。だから、困ってるって言いたいんだ」
D　君「Gさんにそれを直接言ったらいいんじゃない？」
Mさん「私は、担任のY先生に相談したほうがいいと思うな」
K　君「ほんとうは、僕が自分で言えばいいことだとは思っているんだ」
D　君「それはそうなんだろうけど、そうするとこじれそうな気がするんだけど……」
Mさん「もう少し考えてみたほうがいいんじゃないかな」
K　君「そうだね」

私は、ＳＧＥがめざす自己開示的な姿勢が、思いのほか子どもたちの日常生活に定着していくのをみて、子どもたちは、本来お互いに隠しごとなく、あるがままに自分の思いを伝えながら生活していく欲求をもっていると感じます。ＳＧＥは、子どもたちにかぎらず、こうした人間の本来の欲求に応えることのできる活動であると思っています。

ＳＧＥのエクササイズは、メンバーの援助を受けながら自己と他を見つめていく活動が中心となります。

しかし、ＳＧＥも中・上級のレベルになるとそうしたものばかりではありません。例えば、「内観」のエクササイズのように、メンバーの援助はあるにしても、自らの力を頼りとして自らの内面を見つめていく活動があります。「内観」のようなエクササイズは、メンバーとの安堵に満ちたかかわりに安住してしまった人には、自分自身を静かに見つめる姿勢を忘れてはならないという警鐘となるようです。このような生きていく厳しさを見つめる姿勢が、実はＳＧＥの最終的な活動には要求されるのです。こう考えると、ＳＧＥの究極的な姿は、自分自身とエンカウンターしていくことともいえるのです。

3　チームワークや組織を学ぶ活動（GWT）

さて、三つ目は、グループワークトレーニング（GWT）を用いた、チームワークや組織を学ぶ活動についてです。

GWTの活動は、展開方法、活動形態ともにSGEと類似しています。違いとしては、SGEは、自分とメンバーの自己分析・自己洞察に積極的にかかわって、個人からグループ・集団というぐあいに活動が広がっていく雰囲気があります。いっぽうGWTには、集団や組織の中での共通理解の重要性、役割の意義、リーダーシップやチームワークについての気づきを深め、グループや集団のあり方を通して個人に迫っていく雰囲気があります。

GWTを考えるときには、遊戯社刊『新グループワーク・トレーニング』㈶日本レクリエーション協会監修)、『学校グループワーク・トレーニング』(坂野公信監修　横浜市学校GWT研究会著）などが参考になります。

GWTの活動は、『新グループワーク・トレーニング』によると、①知り合う、②聴き方・伝え方を学ぶ、③自己主張する、④情報を組み立てる、⑤協力・チームワークについて学ぶ、⑥コンセンサスについて学ぶ、⑦メンバーの動きを観察する、⑧自分に気づく、という八つのテーマから成り立っています。また、『学校グループワーク・トレーニング』では、①情報を組み立てる、②力を合わせる、③聴き方を学ぶ、④集団決定という方法を知る、⑤友人から見た自分を知る、といった五つのテーマの活動が考えられています。

ＧＷＴエクササイズ「ぼくら編集室」

まず、ＧＷＴの特徴がよく表れている活動を『学校グループワーク・トレーニング』の中から紹介しましょう。同書に「力を合わせるＧＷＴ」という分野があり、その中の活動に「ぼくら編集室」があります。これは、指定された言葉（文章）を、あらかじめ準備した新聞紙面の活字から切り取って、グループで再現していくという活動です。グループの作業を通して、集団の統制、集団の中の自分の役割、リーダーシップやメンバーシップを考えるというＧＷＴの特徴がよく表れている活動です。

全五十分の活動は、①準備・説明（活動の準備と説明）、②実施（実際の活動）、③振り返り（実施後、意見や感想を述べる）、④まとめ（教師の話）の順で行われます。

①準備・説明。まず六人程度のグループをつくり、グループごとに、朝刊一日分、のり、はさみ、画用紙を準備します。最初に、各グループ、一名の子どもに前に出てきてもらい、以下の指示書と課題シートを渡し、その場で黙読してもらいます。

リーダーへの指示書

1　これを読んでいるあなたが，グループのリーダーです。

2　この<指示書>はグループにもって帰ることができませんので，ここでしっかり読んで，グループの人に伝えてください。

3　あなたたちの課題は，新聞に使われている文字を切り抜いて，<課題シート>の文章と，まったく同じ文章を画用紙にのりづけしてくることです。

（中略）

7　時間は，あなたがこの<指示書>を読みはじめたときから，20分間です。

課題シート

地平線の彼方から
広がる銀河
冷たいきらめきの中
生きる命
　何億年もの時間をかけて
　用意された私たちの出会い
　さわやかな風　大地のぬくもり
　君の燃える息づかい

（後略）

②実施。グループの代表が席に戻ると、リーダーは「課題シートの文章を、新聞に使われている文字を切り抜いて、画用紙にのりづけして再現する」という指示をメンバーに伝え、各グループはそれぞれの活動を始めます。各グループでは、活動内容が説明されると、自然に「じゃあ、どうしよう？」と活動方針が話し合われます。課題シートの最初の文字から全員で一文字ずつ探していく、各行ごとに分担を決める、課題文の文字に番号を振ってそれぞれの文字を探していくなど、グループごとにさまざまな方針をとります。また、字を探す係、新聞紙の活字を切り取る係、切った活字を整理する係、画用紙に活字を張り付ける係などの役割を分担して、組織的に活動を進めていくグループも出てきます。二十分ほどで活動を終了します。

③振り返り。まず「振り返りシート」に記入します。「ぼくら編集室」の「振り返りシート」には、メンバー相互の協力の程度や積極性、メンバーの果たした役割などについて考え、グループの一人一人はどういうことをしていたかを振り返るような配慮がなされています。振り返りシートに記入した後の口頭による振り返りの場面では、「もっとよい方法がなかったかな」「役割分担はこれでよかったかな」、あるいは、「Kさんがてきぱき指示

をしてくれて助かったな」など、グループの作業の見通しや方針が適切であったか、方針にそった行動がとれたかなどについて意見や感想が出てくるようです。

④まとめ。最後に教師がまとめの話をします。それぞれのグループのメンバーの動きや子どもの発言について、感想を述べます。まとめでは、「自分の果たす役割はグループの構成メンバーによって変わってくること」「仕事や役割は自分から見つけていくものであること」などをつけ加えて、グループや集団活動のあり方について理解を深め、日常生活に一般化するように示唆します。知識や心がまえを学習する要素もあるのです。

「ぼくら編集室」では、リーダーシップとメンバーシップについて学ぶことになります。リーダーとして、作業の目標を明確にして的確にメンバーに伝えること、作業手順を検討・整理すること、助言や励ましをして役割分担に配慮を加えることなどを学びます。メンバーは、自分の役割に気づき、それを遂行していくことの大切さを学んでいくのです。

このようにGWTによって、グループや集団における行動の仕方、役割の大切さを意識し、リーダーシップとメンバーシップ（フォロアーシップ）のあり方について考察する姿勢を身につけていくことができるのです。

GWTとSGEの違い

『新グループワーク・トレーニング』のコンセンサスについて学ぶ分野にある「NASA実習」を例にあげ、GWTとSGEの違いをお話しします。

「NASA実習」は、月面で宇宙船が遭難するという設定で行われる、危機対応に関するディスカッション活動です。

宇宙船に積まれている物として、酸素ボンベ、水、星座図、宇宙食、通信機器、ロープなどが示されていて、母船とのランデブー予定地点にたどり着くために必要なものを、重要度の高いものから順位をつけていきます。最初に個人で順位を決め、その後グループで討論して、グループとしての順位を決定します。この順位には正答があります。グループで適切な議論がなされれば、個人で考えた順位よりもグループで考えた順位のほうが、正答に近づくはずなのです。

この活動では、集団討議におけるコンセンサス（集団決定）のあり方について学びます。「集団の中で自分がどのように主張していったらいいのか」「メンバーの主張をどのように受け止めまとめていったら、正答にたどり着くことができるのか」「個人が集まった集団が集団として力を発揮していくには、メンバーがどうあったらいいのか」について学んでいくことができるのです。

似たパターンの活動がSGEの活動としても行われています。

例えば、「あなたの生き方は」(静岡県総合教育センター教育相談部作成ワークシート集『価値のランク付け』より)という活動は、自分が望む生き方をいくつかの選択肢の中から五つ選び出して、順位をつけていくというものです。

生き方の例には、①他人がどう言おうと自分がこうと思ったことは主張する自己主張型、②無理に自分の考えを推し進めないで多くの人の意見に合わせる協調型、③他人に負けないようにがんばる競争型、④のんびりと自分の人生を楽しむ非競争型、⑤自分をある程度犠牲にしても他人の面倒をみる奉仕型、⑥自分の性質よりもまず社会のことを考える社会優先型、⑦社会のことを考える前にまず自分の生活を大事にする個人優先型が示されます。

「あなたの生き方は」でも個人で順位を決めて、次にグループの順位を決定していきます。しかし、生き方に正答があるわけではないので、ディスカッションの結果の正否が問題になるわけではありません。知的な議論にとどまらず、メンバー個人の生き方や価値観・道徳観など、メンバーの本音が自然に現れてきます。「Gさんの価値観は、社会的なものの優先順位が高くて、個人的なものが低いんだ」「自分の、奉仕についての考え方はメンバーと共通しているが、家族に対する考え方はメンバーの中でも異質なんだ」などと、自分とほかのメンバーとのものの見方や感じ方、考え方の共通する部分と違う部分などに気づくことができるのです。

ただし、GWTにも「私の憧れる人間像」「価値の序列」など、「あなたの生き方は」に類似する活動があります。その場合にも、SGEが、価値観の違いから人間性に意識を向けていこうとする傾向が強いのに対して、GWTでは、討議の内容やプロセス、話し合いの効果などに意識を向けていこうとする傾向が強いようです。

SGEではある題材を媒介として、個人とメンバーの内面が自然に現れてくるという工夫がされています。その活動から自分とほかのメンバーとの共通点や異なる点が理解されて、自己理解・他者理解が促進され、信頼関係が築かれていくという構造になっています。

GWTでは、情報の共有化・構造化、集団の規範意識、グループの組織化（リーダーシップやチームワーク）、役割関係（仕事の分業化、権限と責任）などについての考察が進められ、自分の力とメンバーの力を集約して組織の力を高めていく姿勢を身につけていくという構造があります。

集団やグループという点では、ＳＧＥが「メンバーの本音が語れる分け隔てのない信頼関係のある集団づくり」をめざしているとするならば、ＧＷＴは「ある目的に向かってメンバーの力を集約する有機的な組織づくり」をめざしているといってもよいのかもしれません。ＳＧＥで築き上げた「信頼関係のある集団」が、ＧＷＴによって「統制のとれた組織」に再編成されていくといえるでしょう。

日常の学校生活とＧＷＴ

さきに示した遊戯社の『学校グループワーク・トレーニング』では、①情報を組み立てる、②力を合わせる、③聴き方を学ぶ、④集団決定という方法を知る、⑤友人から見た自分を知る、といったテーマの活動が考えられていました。学校の教育活動では、一般に、学級活動、班活動、児童会・生徒会活動、行事や委員会活動など、「統制の取れた集団活動」を展開することを意識しています。この点、GWTのテーマには、集団や組織についての考え方や集団の中で活動していく方法など、学校の教育活動に応用しやすい要素が含まれています。教師が日常的に子どもたちを指導するのと近い意識で展開できますし、子どもたちにとっても受け入れやすい活動となっているようです。

GWTを行っていると、子どもたちの日常の学校生活で、

Sさん「班会議のとき、Aさんが不満そうだったし、かわいそうになって、それ以上言うのをやめたんだけど、それでよかったかな」
Eさん「これからの班の活動には問題ないの？」
Sさん「問題ないわけじゃないんだけど……」
Eさん「班の目的よりも、Aさんのことを優先できるんならいいと思うんだけど……」
Sさん「今回はそうも言っていられないの」
Eさん「班の目的のためには、Aさんにとって嫌なことでも、言わなければならないし、やってもらわなければならないときがあるんじゃないの」
Sさん「それは、そうね。ここはAさんに、きちんと話さなければだめなようね」

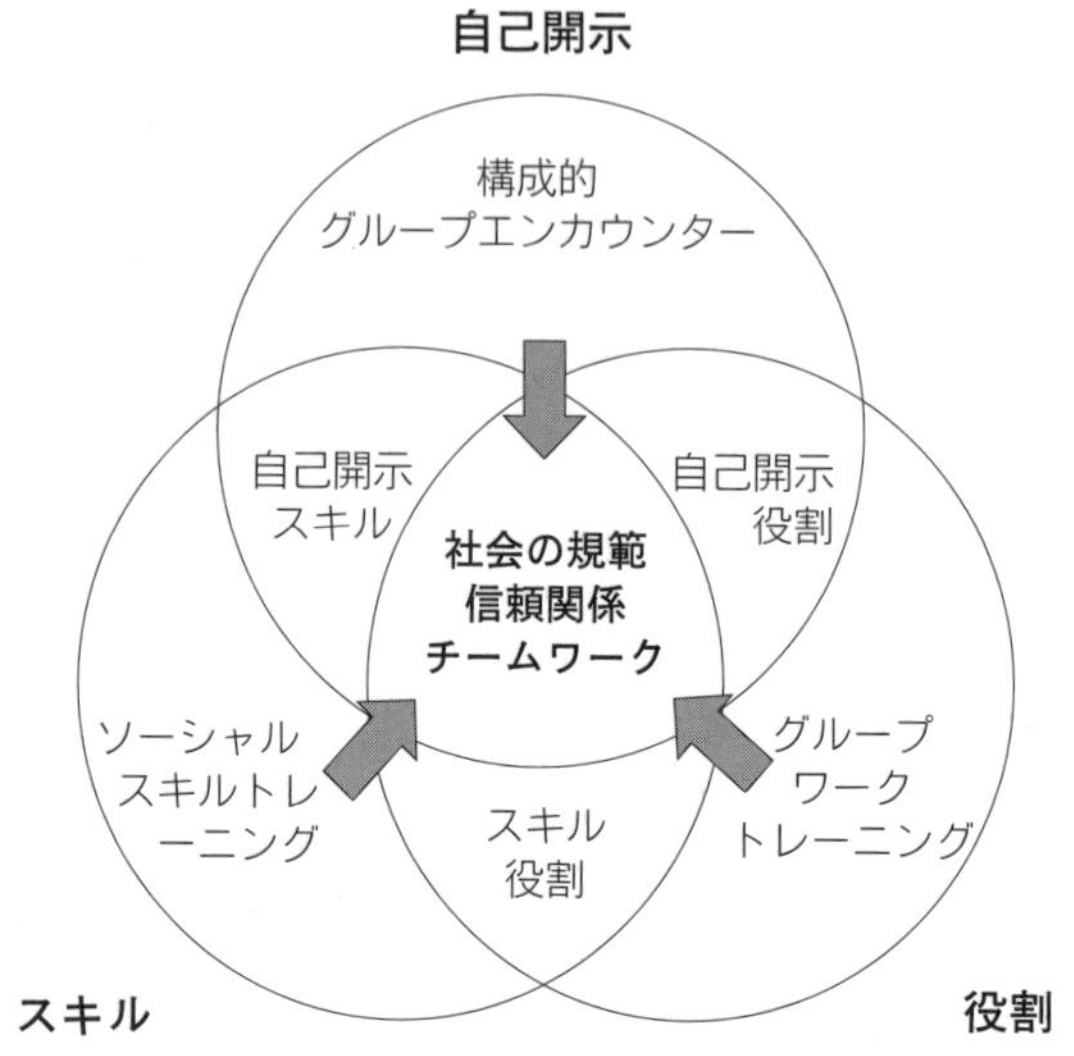

SST，SGE，GWT 関連図

というような会話が交わされるなど、集団（組織）と個人の関係を考えるときに生かされてくるでしょう。

さて、SSTでは「人間関係のハウツー」を学び、SGEでは「自己開示できる存在として成長していくこと」を学び、GWTでは「組織や集団の中でのあり方」を学んでいく、という説明をしてきました。

しかし、これはSST、SGE、GWTの核になるものの説明です。それぞれの活動をみると、ＳＳＴをＳＧＥやＧＷＴとして展開したり、ＳＧＥの中にＳＳＴやＧＷＴの活動があったり、ＧＷＴの中にもＳＧＥやＳＳＴの活動があるというように、三つの活動はウエイトのかけ方は異なるものの、類似した活動として展開されているというのが実際なのです。

４　集団の力を生かした学習活動（授業）

学級集団がＳＳＴ、ＳＧＥ、ＧＷＴの三つの活動によってまとまりをもってくると、次に考えたいことは「まとまりのある学級集団の力を生かして、学習活動（授業）を展開すること」です。もし、いままで述べてきたような力がついたなら、学級単位で行う学習は個人で行う学習に比べて、深さと広がりのあるものとなっていくはずです。

集団学習でめざすもの

現在の学校教育では、特定の時代にだけ通用する知識を身につけるよりも、生涯にわたる変化に対応する学習能力を身につけることが重視されるようになっています。子どもたちの生涯にわたる学習を支える力として「生きる力」、すなわち「自ら課題を見つけ、自ら学び、考え、判断、行動して、問題を解決していく資質や能力」「自らを律しつつ、他と強調し、他を思いやる心や感動する心などの豊かな人間性」「たくましく生きるための健康や体力」などが求められているのです。

こうした力を育てるには、子どもたちの興味・関心や必要性、発達段階、学習の適応性、学級集団の凝集性などを考慮した、多様な学習活動・学習形態が必要になります。例えば、「討論や発表を通して子どもたちが切磋琢磨していく授業」「教師をはじめとする大人と子どもたちとの交流のある授業」「学校の内外で協力して調査や体験をする授業」です。

これらは「カウンセリングを生かした学習活動」を組み込むことで実現できます。最近よく耳にする「参加型体験型の学習活動」はその典型的なモデルともいえます。

授業に臨む教師の姿勢

ところで、そのための最小限の前提として、教師は適切な姿勢で授業に臨むことが必要です。従来、カウンセリングマインドによる授業展開として語られてきましたが、ここではまずその中心にあたる「傾聴の姿勢」と「自己開示的に語る姿勢」について確かめておきます。

①傾聴する

授業には目的が設定されますが、目的意識が強すぎると、教師の思惑とは異なる子どもたちの素朴な気づきや疑問、意見や感想が置き去りにされてしまうなど、一面的なものになり、創造性に乏しい授業になってしまうことがあります。

数年前、私の所属する教育センターの研修員が、傾聴の姿勢（傾聴技法）を生かした授業展開について、実践的な研究を行いました。その研究では、教師が傾聴技法を意識することによって、子どもたちの自尊感情が高まり、主体的に学習に取り組むようになったと報告されています。

もちろん、授業の全体を傾聴技法だけで構成することは不可能ですし、適切ではありません。この研究は、子どもの意見や感想の適否をすぐに指摘するのではなく、教師が傾聴により、子どもたちのさまざまな感じ方や考え方の意味を確認していくことが大切であることを示しているのです。こうすることで子どもたちが自分で自分のあり方を振り返り学習内容を把握していくようになるのです。

この研究から、まず教師が傾聴の姿勢を意識して、子どもたちの発言の意味を確認しようとするような授業の雰囲気づくりが必要であることがわかります。

②自己開示的に語る

ところが、授業で子どもたちの日常とはかけ離れた抽象度の高い内容を扱うようになると、傾聴の姿勢だけで授業を展開しても効果はなかなか期待できません。

ある高校生から、数学担当のM先生について聞いたことがありました。授業中でも授業外でも、M先生自身の中に数学が息づいていることが伝わってくるというのです。

M先生は、ときどき子どもたちと一緒にサッカーをやります。子どもたちがサッカーのコートをうまく引けずに困っていたとき、M先生はピタゴラスの定理を使って、コートを引く方法を教えたといいます。またPKのときにキーパーが考え込んでいると、M先生は「あの選手が右のほうに蹴る確立は十回中八回、左のほうは一回、後はほとんどない」とアドバイスをしたというのです。そんなM先生の数学の授業には、日常生活に生かされている数学の考え方や、数学に対する自分の姿勢などを、自分の言葉で具体的に語るという自己開示的な要素があったようでした。

学年が進み、抽象度の高い内容の理解が求められる授業では、子ども自身の考察だけで、授業内容と日常の生活とを結びつけることが困難になってきます。それを教師が日常生活と結びつけて、子どもたちに生きた知識としてどれだけ提示することができるかが、試されることになるのです。つまり、教師がその学問をどれほど自分自身のものとして理解しているかが問われるのです。

もちろん、すべての授業でこうした話はできないでしょうが、Ｍ先生の例から、「傾聴の姿勢」の次に教師が意識しなければならないことは、教師の内面に生きる学問を「自己開示的に語る姿勢」であると考えてもよいでしょう。

さて、次は、学習活動のスタイルについてです。「援助し議論しあう学習活動」と「参加型体験型の学習活動」についてお話しします。

援助し議論しあう学習活動

子どもたちが切磋琢磨しながら共に成長していくためには、カウンセリングを活用した学習活動すなわち、カウンセリング理論で意味づけした「援助したり議論したりする活動」

を授業に盛り込むことです。まず、援助しあう活動から説明します。

①援助しあう学習活動

「援助」とは、援助する者とされる者の役割が固定されたままではなく、場面によって入れ替わり、それぞれの問題を解いていくというものです（ロバート・R・カーカフの『ヘルピングの心理学』（講談社）を参考にしています）。

この考え方で授業を見直すと、日ごろ二人組になって読みの練習をしたり、授業内容を確認したり、まとめをしたりする活動は、子どもたちが相互に援助しあいながら学習活動を行っていく状況といえるでしょう。

子どもたちは、自分一人ではできない学習が、ほかのメンバーに助けられたり、逆に助けたりすることによって進められていくことを経験し、メンバーに支えられながら学習を継続していく意味を理解するようになるのです。

相互援助よる学習活動の例として、高等学校の漢文の朗読練習をあげてみます。

まず、教師のリードで「書き下し文」と「訓読文」の読み方の確認を行います。次に二人組をつくり、一人の生徒は「訓読文」を見ながら朗読の練習をします。その間、もう一人の生徒は「書き下し文」を見て、朗読している生徒の読み方をチェックします。訓読文を読んでいる生徒の読み方が間違ったときにはその場で指摘し、制限時間内に正確に朗読できるようになるまで練習をします。次に役割を交代して、読み方を確認していた生徒が朗読練習を行うのです。

この活動は、群読の練習、古文や英語の朗読練習、口語訳を確認する活動、社会や理科などの教科書の基本事項を確認する活動にも応用できます。

②議論しあう学習活動

「議論」について考えるとき、私はマイクロカウンセリングの「対人関係に影響を与える技法の連続表」（参考…49ページ「面接技法連続表」）に注目します。これによると、広義のカウンセリング技法には、受動的な技法から能動的な技法まで、さまざまな技法があることがわかります。

広義のカウンセリングには、相手の話を受動的に聞くだけではなく、能動的に語り、主張し表現することも含まれているのです。議論するときには、情報提供・解釈・フィードバック・論理的帰結法・説得・対決などの能動的な技法を活用することによって、課題の本質に効果的に迫っていくことができるのです。

例えば、問題解決活動、課題追究活動において、調査・考察後、自分の調査結果や疑問点に関するディスカッションを行う場面があります。グループの大きさは、問題の質やメンバーの親密度によって異なりますが、四〜六人程度です。

まず、メンバーの一人が自分の調査・考察した結果を数分で説明します。議論してほしいことがあればあらかじめ提案します。例えば、「A町のうなぎの養殖を維持していくためには、これからは質のよいものを、A町のブランドうなぎとして育てていくことが必要であると考えました。そう考えたのは、昨年までの、輸入うなぎの価格と輸入量の増加を示す資料を見たからです。この考察結果について、意見や感想、疑問点などを聞かせてください」という提案をして、ほかのメンバーから、意見や感想、疑問点などを提示してもらい、思いつくことを自由に発言し議論します。

自由に発言するといっても、提案者の考察の矛盾点、根拠のあいまいな部分、客観性に乏しい部分、事実と提案者の感想の混乱などについては、必ず指摘するようにあらかじめ指示をしておきます。提案者は、情報に関する補足や質問に答えますが、基本的にはディスカッションを聞いています。

意見や感想、疑問点が出つくしたところで、提案者は、ディスカッションを聞いて、自分が考えたことや感じたこと、今後の補充調査の方針などをメンバーに簡単に伝えて終了します。この一連の活動を、それぞれのメンバーごとに行います。一人の提案に要する時間は二十分程度です。

「援助し議論しあう活動」は、学級集団の授業に取り組む雰囲気が子ども一人一人の学習を支え、子ども一人一人の学習へ取り組む姿勢が集団の学習の新たなまとまりを形成していくという意味で、個と集団の相互作用による授業の展開を可能にするものです。

参加型体験型の学習活動を参考にする

「援助し議論しあう学習活動」を取り入れて、それを体験活動的に展開しようとしているのが「参加型体験型の学習活動」といってもよいでしょう。

現在、「参加型体験型の学習活動」は、人権学習、国際理解教育、自然や環境学習、生涯学習などの分野の活動として行われています。作業的な活動や疑似体験活動、ときにはゲーム感覚の動きのある学習活動が展開されています。この分野の書籍では、参加型の全体像がわかりやすく説明されている『参加型学習のすすめ方』（廣瀬隆人他著　ぎょうせい）が参考になります。

テーマごとにみると、人権学習の分野では、『ワークショップ「気づき」から「行動」へ』（日本人権教育啓発推進センター編）、国際理解教育の分野では、『ユニセフの開発のための教育』（日本ユニセフ協会編）、自然に関する学習では、『学校で役立つネイチャーゲーム20選』（日本ネイチャーゲーム協会編　明治図書）など多数あります。

参加型学習活動は、ブレインストーミングやカード式発想法（KJ法など）を使ったり、インタビューやロールプレイングを組み合わせたり、ディベートを活用したりと、いろいろな方法を使ってお互いに助け合って、ディスカッションを促進し深めていく工夫がなされています。ただ、これは学習活動としてのディスカッションですので、さきに示したSGEやGWTの話し合いとはめざすものが違います。

①人権をテーマとした参加型体験型の学習活動

例を示して、参加型体験型の学習活動の特徴をお話ししましょう。

人権をテーマとした参加型の学習活動の中に、「私の息子」というディスカッション活動があります。物語の一部分が書かれた六枚のカードが渡されるので、これを並べ替えて、物語を完成させるところから活動が始まります。物語は次のようなものです。

1　ある交差点で交通事故が発生しました。
2　大型トラックが、通行中の男性（父親）と彼の息子をはねました。
3　父親は死にました。
4　息子は救急病院に運ばれました。
5　彼の身元を医者が確認しようとしました。
6　医者は、「息子です。この子は私の息子です」と叫びました。

次に、「物語中の医者は息子にとってどんな関係の人物か」を、グループで考えるというものです。単純に考えれば、その子を息子と呼ぶ人は、父親と母親ですので、父親が死んだとすると残りは母親となるはずで、「医者は母親である」という答えが導き出されてよいわけです。ところが、両親が離婚して息子は母親に引き取られ、死んだのは再婚後の継父であって、医者は実の父親である、という答えが出されることがあります。なぜ、こうした議論がなされるのかといえば、考える人の心に、「医者は男性である」という意識があるからです。つまり、ジェンダーの問題なのです。

人権をテーマとした参加型体験型の学習活動では、この後、参加者自身の内面にあるジェンダーについて、議論を通して意識させていくのです。最後にまとめとして、ジェンダーフリーについての基本的な知識や心がまえにふれて活動は終了します。

②参加型体験型の学習活動とSGEの違い

すでにお気づきのことと思いますが、参加型体験型の学習活動は、学習活動ですので、学ぶ内容が事前に設定されています。「私の息子」の場合は、ジェンダーの課題を意識させてジェンダーフリーの意味を実感するということになるのでしょう。最後のまとめでは、こうしたテーマの内容を確認して、学習は終了するのです。

これをSGEの活動として展開しようとすると、ウエイトのかけ方が違ってきます。

SGEでは、参加型の学習活動のように人権を学習すること自体が目的ではありません。あくまで、人権というテーマを媒介として、それぞれのメンバーの内面にあるものについて自己開示を促し、自己理解、他者理解、自己受容、他者受容を深めていくことが目的となります。ですから、まとめとしては、メンバーの内面の現れが話題となっても、そこで人権についての知的な講義をするというのはSGE本来の活動ではないのです。ただし、結果として、活動の触媒であった人権についての洞察が深まることはあるのです。

こうした活動の違いを教師が理解していないと、どの活動を行っても、「子どもたちが何となく何かをつかんでいるな、学んでいるな」という程度の考察で終わってしまいます。集団の成長の方向性を確認しながら、活動を積み重ねていくことができなくなってしまうのです。

SST、SGE、GWT、参加型体験型の学習活動は実際には部分的な重なりはあるにせよ、教師が四つの活動のねらいを意識して、必要に応じてそれぞれの活動を展開できるようなトレーニングを積んでおくことが重要なのです。

③参加型体験型の学習活動を行う方法

とくに、「参加型体験型の学習活動」には、授業（学習活動）の組み立てに参考となるさまざまな方法が活用されています。

『参加型学習のすすめ方』では、参加型学習のアクティビティの手法として以下の十四種類が紹介されています。①ディベート、②ＫＪ法、③各種の討議法（バズセッション、インタビューダイアローグなど）、④ブレインストーミング、⑤ラベルトーク、⑥ランキング、⑦ゲーム、⑧ロールプレイング、⑨アサーティブトレーニング、⑩フォトランゲージ、⑪フィールドワーク、⑫シミュレーション、⑬ネイチャーゲーム、⑭アイスブレイク。

『参加型で伝える十二のものの見方・考え方』（国際理解教育センター編）では、参加型体験型の学習活動を、まず「十二のものの見方・考え方」に分けて、それぞれの中で使われている手法（方法）をまとめています。この分類の仕方は、活動の視点が示されていて、参加型体験型の学習活動のねらいと方法論の関係がわかりやすく説明されています。

同書に従って、十二のものの見方・考え方（①〜⑫）とその方法を示しておきます。

ただ、細部の指導場面になると、この活動の取組みだけでは十分に説明されていない部分がありますので、カウンセリングやＳＳＴ、ＳＧＥ、ＧＷＴなどの手法を参考にするとよいでしょう。

国際理解教育センターによる活動の視点とその手法

	活動の視点	手　法（方　法）
①	全体像をつかむ	ブレーンストーミング，イメージ図，連想図，ストーリーづくり，構造図，ミクロ・マクロ，鳥瞰図など
②	対比させて考える	ある・ないの比較，よい悪い・賛成反対の対比，４つのコーナーなど
③	二次元軸でとらえる	ＸＹ軸表，マトリクスなど
④	分類する	リストづくり，パターン化，仲間探し（類型化），ＫＪ法，ベン図，ビンゴなど
⑤	因果関係を考える	因果関係図，ウーリーウェブ，ストーリーづくりなど
⑥	優先順位を考える	ランキング，重みづけ，プロジェクトコンペ，ジレンマカードなど
⑦	量的にとらえる	分配円グラフ，棒グラフ，統計ラインアップ，シミュレーション，分布図など
⑧	時間的にとらえる	年表，経年分析，生活時間分析表，季節暦，イメージ図など
⑨	空間的にとらえる	地図づくり，経路分析，関係図，コミュニティマップ，ネットワーク地図など
⑩	指標でとらえる	指標づくりなど
⑪	モデル・シミュレーションでとらえる	ロールプレイ，シミュレーションなど
⑫	計画する	行動計画づくり，決意表明，カード分析，力の分析など

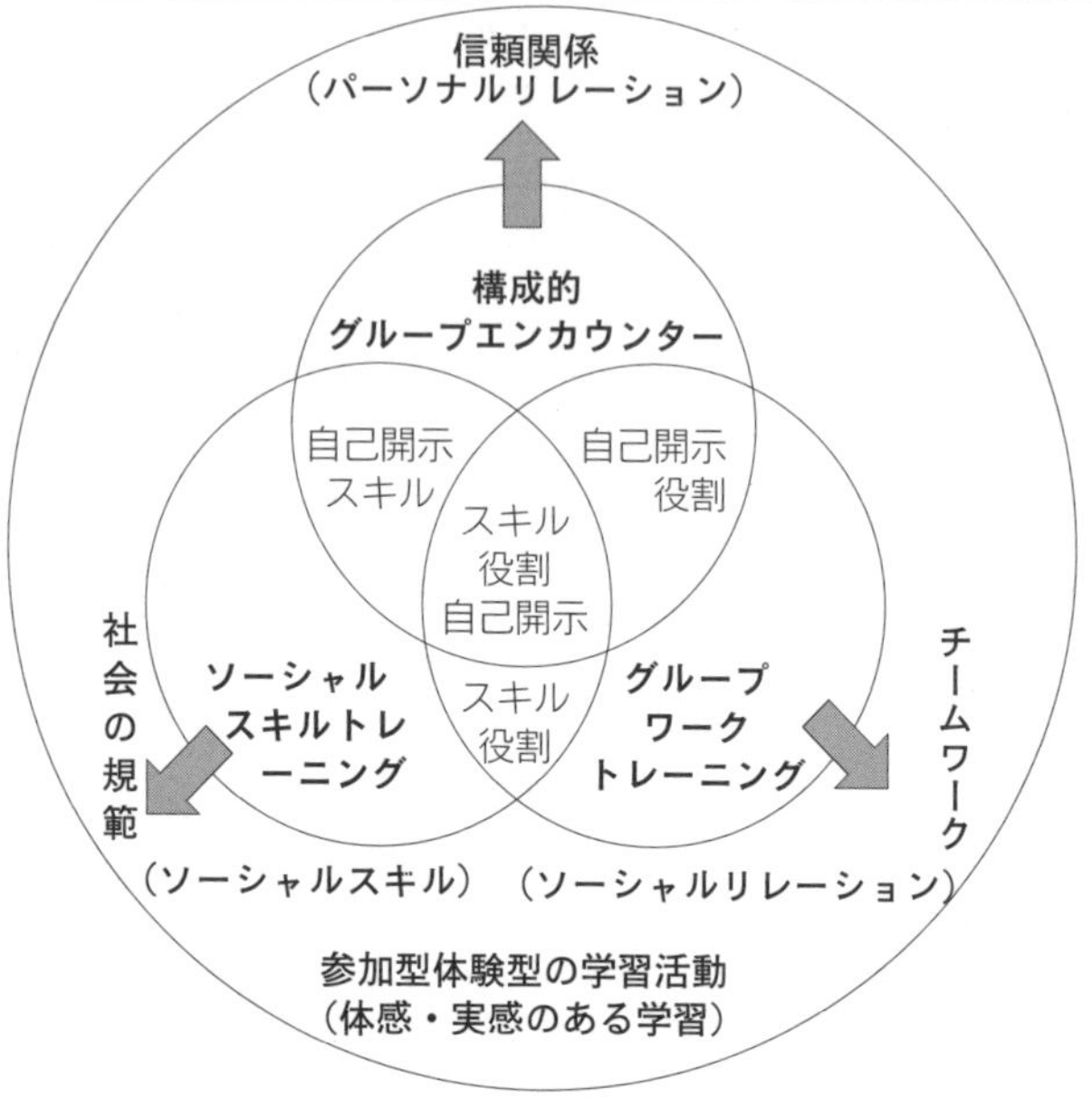

ソーシャルスキルトレーニング・構成的グループエンカウンター・グループワークトレーニング・参加型体験型学習活動の関連図

カウンセリングを学習活動に生かすとは

いろいろなところでカウンセリングの視点から学習活動（授業）を考えようと主張されています。しかし、カウンセリングだけでは授業は成立しません。その分野の専門的な知識・理解に裏づけられた教材研究を通過していることが前提です。

また、板書の仕方やパソコンなどの視聴覚機器を使った教材の提示方法などは、認知という点で心理学的なアプローチは可能にしても、カウンセリングの範疇として考えないのが一般的です。

そう考えると、授業については授業研究をはじめ、授業分析、教材研究といった分野がまず第一にあり、カウンセリングをベースにしている「育てる」生徒指導の役割は、授業を考える基本的な発想や授業を展開・維持するための方法論など（授業に臨む教師の姿勢、発問や意見交換の仕方、授業の形態や展開方法、個と集団の把握の仕方や導き方などといったもの）を具体的に説明・提示することにあると考えられそうです。

本書で整理したＳＳＴ、ＳＧＥ、ＧＷＴ、カウンセリングを活用した学習活動、参加型体験型の学習活動は、こうした議論に対する現段階の私の答えです。前ページに、四つの活動を図に整理しました。

５　「育てる」生徒指導を進めるために

ここでは、四つの「アプローチ」を補う活動について補足説明し、基本的な四つの活動をどう学んでいくか、そして、集団の成長をどのように確認していくかについてふれます。

四つの「アプローチ」を補う活動

「育てる生徒指導」の基本的な四つの活動にふれてきましたが、四つの活動の中に入れ込まれて利用されていたり、四つの活動に類似した目的や内容をもっている活動がほかにもたくさんあります。

四つの活動の中で部分的に活用されているものとその参考文献をあげます。

①レクリエーションゲーム（『図解ゲーム大全集』小菅知三、松崎暎子　成美堂出版）

②ロールプレイング（含心理劇）（『ロールプレイング入門』金子賢　学事出版）

③研修技法（『実践研修技法ハンドブック』鈴木伸一監修　実務教育出版）

これ以外にも、四つの活動に類似した目的や内容をもつ活動がありますので、箇条書きにして示し、参考文献を加えておきます。詳しくはそちらをご覧ください。

④ベーシックエンカウンターグループ（『エンカウンター・グループ』カール・ロジャーズ著　畠瀬稔他訳　創元社）

⑤ニューカウンセリング（『ニュー・カウンセリング』伊東博　誠信書房）

⑥行動集団カウンセリング（『行動集団カウンセリング』中澤次郎　川島書店）

⑦アサーショントレーニング（『アサーション・トレーニング』平木典子　日本・精神技術研究所）

⑧人間関係トレーニング（『人間関係トレーニング』南山短期大学人間関係科監修　ナカニシヤ出版）

⑨研修ゲーム（『研修ゲームハンドブック』日経連研修部編　日経連出版部）

⑩ピアカウンセリング（『ピア・サポートではじめる学校づくり』滝充編　金子書房）

⑪クラス会議（アドラー心理学による）（『クラス会議で子どもが変わる』ジェーン・ネルセン他著　会沢信彦訳　星雲社）

⑫プロジェクトアドベンチャー（『アドベンチャーグループカウンセリングの実践』ディック・プラウティー他著　伊藤稔監訳　みくに出版）

ここに示した活動は、活動を支える理念や強調される部分、活動場面、テーマの設定の仕方が違っていたりしますが、実際に体験してみると、どの活動も類似した内容と技法をもっていることがわかります。これは、ある目的を達成しようとしたとき、さまざまな活動からのアプローチによって、その目的を達成することができることを意味しています。

自分自身の理論と方法論をもって

私は、さまざまな方法を比較検討して、その基礎となる四つの方法を取り出し、「育てる」生徒指導の基礎的な理論・方法論として位置づけました。しかし、ある人がある目的を達成するには、その人に合った追求方法があるのも事実です。そう考えると、さまざまなアプローチを尊重することは大切なことであるはずです。

教師が、ほかの活動の意義を認めながら、自らの志向を意識していくことが、教師の自信と柔軟性を育み、バランスのとれた実践を可能にすることになると考えています。本書の読者が、私の考えを参考にして、それぞれのパーソナリティーと置かれた環境に適した「教育力のある集団づくり」の理論と方法論とを確立してくださることを願っています。

さまざまなアプローチの学び方

今回提示したさまざまな活動を、どのように学んでいったらよいでしょう。

単純に考えると、カウンセリング、ソーシャルスキルトレーニング（ＳＳＴ）、構成的グループエンカウンター（ＳＧＥ）、グループワークトレーニング（ＧＷＴ）、参加型体験型の学習活動の研修を、それぞれ受講すればよいのですが、それは実際にはむずかしいことです。基本的には、教師は、ある程度のカウンセリングの技術をもち、集団指導に関しても一定レベルの感覚と対応方法を身につけているので、ＳＳＴ、ＳＧＥ、ＧＷＴ、参加型体験型の学習活動のいずれかの研修を受けることで、後はそれを応用することが可能であると考えられます。

現時点では、各県の教育センターなどで活用され、研修の機会が比較的多く、カウンセリングの要素をも含んでいるＳＧＥの学習を行うことが、現実的であると思っています。それには、ＳＧＥが折衷主義の立場をとり、ＳＳＴ、ＧＷＴ、参加型体験型の学習活動などを部分的に活用していて、ＳＧＥによって間接的にほかの活動を学ぶことができるという意味も含んでいるのです。

または、多くの活動の基礎であるカウンセリング、ロールプレイング（心理劇）、研修技法を先に学ぶという方法もあります。研修技法は、書物やビデオによる学習で補うことが可能です。そして、この三つの分野を統合する意味でＳＧＥを学ぶのです。これだと、多くの活動の基礎となる知識を習得したうえで、実際に体験することができます。後は、書物で必要なアプローチの理論と方法論を理解していくこともできるのです。

集団の成長を確認する方法

学校の教育活動では、ＳＳＴ、ＳＧＥ、ＧＷＴ、カウンセリングを生かした授業展開、参加型体験型の学習活動を実践しながら、個々の子どもたちと集団の成長を確認していくことが必要です。基本的には、教師の経験に裏づけられた観察による個人と集団の把握がよいのですが、教師も人間ですから、自分の把握できない部分があります。そこをどのように補うかが課題となってきます。

一つには、複数の教師による観察から全体を考察するという方法があります。人間は主観的であるといっても、複数の主観を積み重ねていくことによって、状況をかなり客観的に把握できるものです。

もう一つの方法は、アンケートやテスト類を利用することです。小学生の場合は比較的素直に検査類に取り組んでくれます。中学生、高校生となるといろいろな感じ方や思惑があるのか、検査に素直に応えようとしないことがありますが、さきにあげた教育活動を教師が真摯に実践し、状況をきちんと設定し、子どもたちに検査の趣旨を説明しておけば、中学生や高校生でも検査にまじめに取り組んでくれます。検査類の実施においても、教師との信頼関係が大切になってくるのです。

例えば、教研式（応用教育研究所作成）の検査に、『ピューピル』（真仁田昭監修　堀内聰他著）や『ポエム』（高野清純他著）というものがあります。いずれも、小学生、中学生、高校生用があり、個人と集団の双方の様子を把握しようとしています。前者は、子どもの心の様子、学習の様子、クラスの中の様子、家庭の様子などを知ることができます。後者は、個性の理解、不適応行動・問題行動の早期発見に関する検査で、SGEの「いいとこさがし」を行う活用シートが組み込まれ、お互いのよさを発見し伝え合うグループ作業が展開されるように工夫されています。

その他、「Q―U」（田上不二夫監修　河村茂雄著　図書文化社）という、学級集団アセスメント用の検査があります。これは「学級集団の満足度」と「学校生活に対する意欲」

を知ることができます。小学生、中学生、高校生用があります。「学級の満足度のまとめ」では、学級の子どもたちを学級生活満足群、学級生活不満足群（含要支持群）、侵害行為認知群、非承認群の四群に分類していますし、「学校生活の意欲のまとめ」では、友人や教師、学級との関係、学習意欲、進路意識などが、個人のプロフィールに表れてきます。教師はこの二つの視点から、学級集団の理解を深め、いじめや不登校の防止を図ったり、SGEの効果を測定したりすることができます。「Q―U」によって、それまで十分に把握できなかった学級集団の状況が、うまくとらえられるようになりました。著者の河村茂雄氏の功績によるものです。

可能ならば、こうした検査類を使って実践の効果を測定し、教師自身の観察を補いながら指導を進めていくとよいでしょう。

注意していただきたいのは、効果の測定に夢中になり、子どもたち一人一人の表れよりも、データによる実践の有効性に意識が向きすぎないようにすることです。自分の実践を測定して効果がみえてくると、そのこと自体が面白くなってしまって、子どもたちが、まるで実践の有効性を証明する道具のように扱われているような場面に遭遇することがあります。研究としての面白さのみに没入することなく、教師の実践の感覚と測定のデータとの双方を考慮しながら、ほんとうに必要なものを見落とさないようにしたいというのが私自身への自戒でもあります。

さて、三章では、「育てる」生徒指導について、その目的と方法を述べてきました。子どもたちがこうした活動を通して、「礼儀正しく常識をわきまえて、自分の感じたことを考えていることを素直に語り、学級全体のことにも気を配って、みんなで楽しく学習活動を行っている」ということになれば、「育てる」生徒指導の目的は十分に達成されたことになります。こうした提案が実践のよりどころとなって、「育てる」生徒指導の方向性が具体化されることを期待しています。

終章——それでも教師であるために

最後に、生徒指導の再生が、現在の学校教育と教師にとってどんな意味があるかについて述べておきましょう。

ギリギリで求めた「生徒指導の理論」

私は十数年前、生徒指導の方向や方法を自分なりに考え直さなければもうこの仕事を続けていけないような壁を感じていました。

ある問題行動の対応が一段落しても新たな問題が繰り返されるばかり。私の言葉は生徒たちに届かずに空を切ることが増えていました。いっぽう、学校生活にまじめに取り組む大部分の子どもたちが成長するのには何もできずにいました。教師を続けていく「よりどころ」がほしかったし、連携することの多い保護者や警察、医師や心理職の方たちに自分の指導を納得してもらえるようにしたいという気持ちが強まるばかりでした。

カウンセリングに出会ったのはそのころです。

以来、生徒指導で自分が何をめざし、どんな方法を選ぶのかを、同僚や保護者、子どもに納得してもらえる言葉で説明できるように求め続け、教師としてやっていく少しの自信と、教師という仕事をまっとうしたいという確信をもつことができました。

こうした経験から私は「生徒指導を考える」ことが、教師として生きていく意味と勇気を与えてくれると感じています。

終章では、どうすれば一人一人の教師が現実の制約や忙しさの中でそのようなことができるのかを考えます。

同僚との協同による実践の積み重ね

教師が生徒指導をとらえ直すのにまず有効なのは、同僚の力を借りて実際の事例を検討し、実践を積み重ねることです。

前述した私の同僚の田中さんは、何かあると同僚を引っ張って、「おい、この事件どうしよう。何かいいアイデアはないかな?」とワイワイやります。問題行動に対してばかりではなく、担任をしている学級についても、「今度のホームルーム活動どうする?進路の説明だけじゃ、子どもたちはつまらないだろうな。一工夫できないかな?」といったぐあいです。田中さんの前向きな雰囲気で、さまざまな意見が引き出されました。みんなの知識と情熱によるミニ講義と質疑応答が繰り返され、毎日が事例研究会や研修会のようでした。このような場は、生徒指導と教育と教師のあり方に対する考え方が常に求められ、「現実を読み取る力」「新たな実践を組み立てていく力」が磨かれるチャンスなのです。

実践を意味づける理論学習の場

生徒指導をとらえ直すのに有効な方法の二つ目は、実践を裏づけるカウンセリング理論を学習することです。

都道府県立の教育センターや市町村が主催するカウンセリング講座は、生徒指導やカウンセリングに対する基本姿勢を形づくるのに最適です。とくに、「教師としてカウンセリングをどう生かしていくか」「カウンセリングを生活にどう生かしていくか」というテーマなら、教育や日常生活におけるカウンセリングの意義を学ぶことができます。

また、ほとんどの都道府県にある教育相談研究会では学習会を主催しています。そこで来談者中心療法や精神分析、行動療法などカウンセリングの理論を学ぶことができます。学習会で学びながら関連する本を読むと効果的です。なによりこうした学習会は、地域のリーダーと直接ふれあえる機会にもなります。

もちろん、個人的に専門家に教えを請う方法もあります。私の場合は、安田シマ先生に内観法を五年間学びました。以来、私はずいぶん自信をもって教育にあたれるようになりました。

もしも家族や職場の協力を得られるなら、内地留学や大学院に通うなど現職研修制度を利用するとさらに学習を深められます。私は、平成六年に筑波大学大学院の國分康孝先生の元に半年間内地留学をしました。このような場では理論を広く深く学ぶだけでなく、実際に体験学習できることが大きな収穫です。

もしも私が学校で実践を積み重ねるだけの生活を送っていたら、私の生徒指導は「理屈はよくわからないが実践はできる」という従来の生徒指導になっていたのかもしれません。学校から離れ、さまざまな立場の仲間が集う場で理論学習と体験学習を行い、その結果を学校に持ち帰って同僚たちと議論する。これにより理論に支えられた実践に取り組むことができました。

教師であることの決断

しかしそれだけでは、教師として先へ進めないことがあります。

いつかあの田中さんがふらっと私のところへやってきました。

「ついさっき下校指導中に、自転車の二人乗りをしている生徒がいたので、やめさせようとしたのです。ところが駐輪場で生徒指導部の制止を振り切ってきたようで、むかついていたんでしょう。わめくは、どなるはで、もう……」と、ため息をつきながら話します。

「僕はもう、うんざりです」と田中さんらしくない言葉に、私は少し驚きました。「いっもいつも、生徒の醜い面ばかりを突きつけられて。もう嫌なんです……」。田中さんは自分でもどうしようもないという様子です。生徒に対する信頼や人間に対する信頼が崩れかけ、必死で支えている様子が見て取れました。

こうした状況に、多くの教師は一度は直面するはずです。

田中さんは、よき学級担任、よき教科担任、よき部活動の顧問であることをめざし、実現できる情熱と力量をもっていました。いま、教師として厳しい壁を前にして、「その目標を捨ててなるものか」「押しつぶされてなるものか」と必死で自分を支えていたのです。

しかし「よき教師でありたい」という理想に邁進すればするほど、現実の厳しさに打ちひしがれます。自らのベストが常に成果を伴うとはかぎらないけれど、教師という行いの意味を見いだし、自分を支え、生徒を信じて生きていくことが必要なのが現実です。田中さんにとっては、教師としての現実に踏みとどまる決心が必要な瞬間でした。

教師が見ているものを伝えよう

しかし、「なぜ教師として現実に踏みとどまらなければならないのか」「なぜ教師であり続けなければならないのか」という問いに自分自身で答えを出すのがむずかしい時代になってきました。カウンセラーになったり研究者になったりと、その気になれば教師以外の職種に転職しやすくなり、教師にこだわる必要のない時代になってきたからです。

そういう時代に覚悟を決めて教師を続けるとしたら、どんな意味があるのでしょうか。

私は、教育の最前線にいる教師には、教師だからこそ見えるものがあると思います。

それは、「やった！」と声を張り上げて跳びまわるとか、机にうつぶして泣きくずれるといった、子どもたちの人生や生活に毎日接することで、人間とはどんな生き物か、その心身の健康はどうすると保たれるのかについて実感をもって理解できるという点です。

また、人間の全体にかかわることを感覚として理解しているという点です。うれしいときも悲しいときも、一生懸命なときもそうでないときも、動いているときもじっとしているときも、学校はもちろん、家庭、病院、警察署、裁判所、相談所においても、人のあらゆる場面に立ち会っているという点です。

さらに、時代の変化に真っ先に直面しているという点です。教師は、子どもたちとのかかわりを通して、子どもはもちろん、保護者や地域、社会の変化を真っ先に実感する位置にいます。無気力、無感動、暴力、過保護、過干渉、道徳の欠如、そして不況。そうした人と社会の変化に直面し、前例のない状況に教師は手探りで対応してきたのです。

もっと言うならば、学校教育の活動の中には、来談者中心療法、論理療法、現実療法、行動療法、ブリーフセラピーなどが、そうした理論が声高に主張される以前からたしかに存在していいます。実際、そうしたさまざまな方法を開発していかなければ、子どもたちの変化には対応していくことができなかったのです。

しかし、このような、これまでは教師が最前線で見てきたもの、あるいはやってきたものをきちんと説明してきたかというと、けっしてそうではありません。教師はそれを世の人々に伝える術をもっていなかったのです。

そこでこの本の最後に、「教育の実践を通して教師が見ている教育の姿を世の人々にきちんと伝えよう。そのためには教師の見ているものを説明する理論と方法を確立しよう」と主張したいのです。だからこそ私たちは教師の世界にとどまらなければなりません。そういう志を立てた人が教育の専門家、プロフェッショナルな教育者なのです。

従来の教育に関する学問は実用性という視点が希薄でした。それゆえこれからは教師の実践場面で実際に使える理論と技法をカウンセリング理論から導入することが必要です。

そして、教師の実践に役立つ実証的な研究の仕方を学ぶことも大切です。事例研究に代表される質的な研究法と、統計処理に代表される量的な研究法を学び、両者を使い分けながらも、教師にフィットする新たな研究法ができないものかと考えています。

教師という職業に誇りと使命感と自信をもって生活していくには、いま、こうした教育の専門家としての作業を明確にすることが必要です。本書はその一つのモデルになると思っています。読まれた方が本書を参考にして、新たな生徒指導の理論と実践を、さらには新たな教育の理論と実践を構築されることを願っています。

用語解説

本文中で説明できなかったり，説明が不十分であった用語について，簡単に説明を加えておきます。参考にしてください。

●カウンセリング，サイコセラピー

「カウンセリング」は，本来「サイコセラピー（心理療法）」と区別されるべき言葉ですが，広義と狭義の意味があります。一般には，受容・共感を主体とした面接活動としての「狭義の意味」（心理療法的な活動）で使われることが多いようです。「広義のカウンセリング」は，受動的な個別対応からヘルピングやトレーニング，ディスカッション，コミュニケーション活動などの，能動的な，ときには集団を対象とした活動をも含みます。

●教育相談

一般に，個人的な悩みなどの心理的な問題に，受動的な対応方法で，個別にかかわっていこうとする教育的な面接活動としてとらえられています。その活動の核となるものが「狭義のカウンセリング」であるようです。

●生徒指導

狭義と広義の意味があります。「狭義の生徒指導」とは，非行やいじめなど個人の生活・行動や集団への適応指導のことをさします。いっぽう「広義の生徒指導」には，学校の教育活動を生徒指導と学習指導に二分するという考えがベースにあります。この場合，「生徒指導」には，学業生活や進路指導，健康や安全にかかわる予防開発的な指導が含まれます。

●ＫＪ法

文化人類学者の川喜田二郎氏が現地調査の研究結果をまとめるために考案した技法。現場の状況や情報，意見をカードに記入し，データーのもつ意味を考えて内容に共通性のあるカードを集約して新たな仮説を発見しようとしたもの。現在は一般に問題解決技法としても活用されています。

●フィッシュボーン

特性要因図のこと。テーマについて，構造を分析し要因を探るために図式化しますが，形が魚の骨のように見えることからこう呼ばれています。

●関係状況療法

松村康平氏が提唱した「関係学」を基礎理論として展開される「人と共に育つ状況の創造」や「出会いの状況における共有可能性の広がり」をめざす，関係開発的な実践活動です。「人間を関係的な存在」ととらえ，「関係」という視点から自己の内と外の働きやあり方を考察し，関係に働きかけて，人間の成長を図ろうというのです。人間を関係という視点から見たとき，人間の成長とは，変化をとらえ受け止めていく作業を通して，かかわりの変化や展開にどれだけ柔軟に対応していくことができるようになるかにかかっているようです。それは，それまでの規定された関係・状況に働きかけて，その関係を新たな関係に変えていくことでもあります。

●折衷主義

クライエントの抱える問題や面接の段階に応じて，既存の各理論から活用できるものは何でも使い，最も適した方法を選択しながらカウンセリングを進めていこうとする立場のことです。代表的な折衷主義のカウンセリング理論に，アイビイの「マイクロカウンセリング」とカーカフの「ヘルピング技法」，エリスの「論理療法」があります。國分康孝は，アイビイのマイクロカウンセリングが「つぶあんタイプ」（選択タイプ）の折衷主義であるのに対して，カーカフのヘルピング技法やエリスの論理療法は「こしあんタイプ」（統合タイプ）の折衷主義であると分析しています。

●マイクロカウンセリング

1960年代にアメリカのアレン・E・アイビイとその共同研究者によって開発された，折衷主義のカウンセリングモデルです。アイビイはさまざまな面接に共通するスタイルやパターンがあることに気づき，それを技法として「基本的かかわり技法」「積極的かかわり技法」「技法の統合」に大別し，「マイクロ技法階層表」によって位置づけを行っています。

●ヘルピング技法

アメリカのロバート・R・カーカフが提唱した折衷主義のカウンセリングモデルです。それまでのカウンセリングが，カウンセラーとクライエントという限定された人間関係を問題にしていたのに対して，カーカフは少し広い領域（生徒と教師，看護士と患者，課長と部下など）をカバーしようとしています。カウンセラーとクライエントというように役割を固定的に考えずに，日常生活の中での人間関係に役立つ援助法を提案しているのです。

●論理療法

アメリカのアルバート・エリスが提唱した折衷主義的な心理療法です。人の悩みは出来事そのものに起因するのではなく，その出来事の受け止め方に起因すると考えています。そこで，その人の考え方，ものの受け止め方に揺さぶりをかけて行動を変容させようとします。自己分析，自己説得の要素の強いものです。

●ブリーフセラピー

短期療法という意味で，面接回数でいうと10回以内，期間でいうと半年以内というのが平均的な考え方のようです。簡略化するというよりも，効果的・効率的な対応をした結果として，面接回数や期間が短縮されるというのが基本的な考え方のようです。ブリーフセラピーには，エリクソンモデル，ストラテジックモデル，ＮＬＰモデルなど，いくつかの理論モデルがあります。

●現実療法

グラッサーが提唱したカウンセリング理論です。臨床心理学者のマウラーはこの理論の特徴として，「現実」「責任」「正・不正」の３つのキーワードをあげています。クライエントに自分の現実に直面させ，無責任を排除し，価値判断に基づいて，よりよい行動の仕方を計画し実行することをめざしています。私は，初期の現実療法には，教育的な要素が強いと理解しています。

●実存主義的アプローチ

実存主義の考え方をベースにし，哲学的な雰囲気の強いカウンセリングの立場です。カウンセリング理論というよりも，クライエントに接するときのカウンセラーのあり方としてとらえたほうがよいようです。諸富祥彦氏は，実存主義的アプローチの特徴として，クライエントの状況を心理学的な概念にあてはめようとせずにありのままにとらえようとすること，役割に縛られない全人格的なふれあいを重視すること，心理学的な問題に限定せずに実存的な問題に積極的に取り組むことの3点をあげています。

●内観法

吉本伊信氏が，浄土真宗の一派に伝わる「見調べ」という修行方法から宗教色を取り除いて提唱した修養方法です。過去の特定の人物に対して，自分がどんな人間であったか，「お世話になったこと，迷惑をかけたこと，お返しをしたこと」の3点について，生まれてから現在までを数年ごとに区切り，繰り返し具体的に調べていく一種の思考方法です。

●森田療法

森田正馬氏が提唱した神経症に対する精神療法です。本来は入院治療などによって神経症を克服していくものでしたが，感情に振り回されることなく，自分の状況をそのままに受け入れて，なすべきことをなしていくという発想など，現在は生き方を考えるよりどころとして考えられています。

●構成的グループエンカウンター（ＳＧＥ）

さまざまな活動（エクササイズ）を行い，本音と本音のやりとりを通して，自己理解，他者理解を促し，それを自己受容，他者受容まで深めて，ふれあいのある人間関係を築いていこうとするグループ活動です。國分康孝氏が提唱。

●ソーシャルスキルトレーニング（ＳＳＴ）

良好な人間関係をつくり，それを保つための知識と具体的な技術やコツをつかむことを目標とする活動です。活動の中には相互理解をめざした活動もあって，たんなるトレーニングにとどまらない要素があります。

●グループワークトレーニング（GWT）

体験的な活動を通して，自分およびメンバー，グループ，組織に対しての気づきを深めていくことを目標とし，グループを「自立した人間の機能的統合体に成長させていくこと」をめざしています。

●参加型体験型の学習活動

人権教育や国際理解教育，自然・環境学習など，特定の分野の学習に体験的な学習法を活用しているものです。「人権教育」では，作業的な活動や疑似体験などを通して，人権について学ぼうとしています。日本人権教育啓発センター，ユネスコなど，さまざまな団体で実践されています。「国際理解教育」では，よりよい未来を協力して切り開いていくために，子どもたちが地球市民としての考え方や態度を身につけていく教育をめざし，人権やコミュニケーションなど，人間関係づくりに関する理論や技法も活用されています。「ネイチャーゲーム」では，自然への気づき，わかち合い，フローラーニングといった基本理念を踏まえ，五感を使ったゲームなどを通して自然を直接体験する活動が行われています。

●レクリエーションゲーム

爽快で楽しい時間を過ごすことで，意欲的に生活（仕事など）に向かっていく力を生み出し，健康で明るい豊かな暮らしを築き上げていこうとする活動です。自分やほかの人とのあり方などについて考えさせられる場面もあります。ＳＧＥの導入としても活用されています。

●ロールプレイング（含心理劇）

予測できない未来に，自発性と創造性をもって柔軟に対応できる人格の陶冶を図ることをめざす活動です。自分自身や人間関係について考える活動があります。

●研修技法の学習

発想法，討議法，体験学習法，スピーチ，プレゼンテーションの技法など，研修技法の習得を目的として行われる活動です。そのなかで，自己理解，他者理解などをテーマとして技法の習得をめざすこともあります。

●ベーシックエンカウンターグループ

構成の仕方がＳＧＥと異なるという違いはありますが，めざすものは基本的に同じであるといってよい活動です。

●ニューカウンセリング

提唱者の伊東博氏は，この活動を，「いまここに」生きて，環境（含人間，文化，社会）と相互作用をしている「体である人間」を「体験しながら学習」する人間教育へのアプローチである，と述べています。感覚の覚醒，体の動き方，自己への気づき，人・ものとのかかわり，表出・表現の５つの領域の学習内容によって組み立てられていて，感覚やイメージに関する内容を多く含んでいます。

●行動集団カウンセリング

提唱者の中澤次郎氏は，この活動を，行動理論を基礎としながら，エンカウンターグループ，人間開発プログラム，内観法の原理・方法を導入した総合的な構成集団カウンセリングである，と述べています。複数の活動を行動理論によって意味づけ，統合しているところに特徴を感じます。

●アサーショントレーニング

相互尊重の精神に裏づけられた自己表現と，充実した人間関係のもち方について考え，お互いを大切にしながらも，率直に素直にコミュニケーションできるようになることをめざした活動です。「アサーション」をテーマとしてカウンセリングを再構成しているというイメージがあります。

●人間関係トレーニング

南山短期大学の人間関係科，人間関係研究センターで実施されている体験学習です。グループプロセス，リーダーシップ，コミュニケーション，個と集団にかかわる活動など，目的・内容にＳＧＥ，ＧＷＴなどと類似した部分があります。

●研修ゲーム

組織・企業における人材育成をめざす活動で，相互理解，コミュニケーション，チームワーク，創造性開発，問題解決などに関するものがあります。

●ピアカウンセリング

仲間同士で支え合って生活していくことに視点をおいた活動です。「ピア」という視点から，さまざまな活動を再構成しているというイメージがあります。活動の中では，一対一のカウンセリング的な要素の強い部分と，グループで行う活動の要素の強い部分とがあります。ピアカウンセリングとピアサポートを分けて考える立場もあります。

●クラス会議（アドラー心理学による）

アドラー心理学に基づいた，「子どもたちが責任ある市民となるためのプログラム」です。情動的知性とライフスキルと人生を成功に導くものの見方を伸ばすように，勇気づけていくものです。

●プロジェクトアドベンチャー

未知の世界に挑戦しようとするアドベンチャーの性質やアドベンチャーを用いたカウンセリング手法を，人と協力しながら人間の成長に生かそうとするグループカウンセリングです。アドベンチャーは自然の中だけで行うものではなく，日常の生活の中でも体験することができます。レクリエーションゲーム，構成的グループエンカウンター，ネイチャーゲーム，ニューカウンセリングなどに類似する活動が行われているようです。

【参考】

『カウンセリング辞典』國分康孝編　誠信書房／『スクールカウンセリング事典』國分康孝監修　東京書籍／『現代カウンセリング事典』國分康孝監修　金子書房　など

【おもな参考文献】

●カウンセリング関係

『カウンセリングの原理』國分康孝　誠信書房　1996
『カウンセリングの理論』國分康孝　誠信書房　1980
『カウンセリングの技法』國分康孝　誠信書房　1979
『カウンセリングの実際問題』河合隼雄　誠信書房　1970
『心理療法序説』河合隼雄　岩波書店　1992
『カウンセリングと人間性』河合隼雄　創元社　1975
『カウンセリング演習』福島脩美　金子書房　1997
『カウンセリング序説』小林純一　金子書房　1979
『カウンセリング心理学』渡辺三枝子　ナカニシヤ出版　1996
『カウンセリング概論』長井進　ナカニシヤ出版　1997
『カウンセリングと教育』村山正治　ナカニシヤ出版　1992
『ニュー・カウンセリング』伊東博　誠信書房　1983

『エンカウンター』國分康孝　誠信書房　1981
『構成的グループ・エンカウンターの原理と進め方』國分康孝、片野智治　誠信書房　2001
『総合的カウンセリングへの学習と実践』中澤次郎編著　不味堂出版　1994
『マイクロカウンセリング』アレン・E・アイビイ著　福原真知子、椙山喜代子、國分久子、楡木満生訳編　川島書店　1985
『ヘルピングの心理学』ロバート・R・カーカフ著　國分康孝監修　㈶日本産業カウンセラー協会訳　講談社　1992
『関係状況療法』土屋明美監修　関係学研究所　2000
『関係学ハンドブック』関係学会編　関係学研究所　1994

●生徒指導関係

『教師の使えるカウンセリング』國分康孝　金子書房　1997
『生徒指導に教育相談を生かす』飯野哲朗　ほんの森出版　1999
『教育の〝学〟としての学校教育相談を目指して』飯野哲朗　ほんの森出版　2002
『だれもが身につけたい生徒指導・学校教育相談の技法』全国教育研究所連盟編　ぎょうせい　1992
『新しい生徒指導の視座』全国教育研究所連盟編　ぎょうせい　1986
『生徒指導の手引』文部省　1981

『生徒指導と学校カウンセリング』坂野雄二、宮川充司、大野木裕明編　ナカニシヤ出版　1994
『生徒指導と学校教育相談』今井五郎　ぎょうせい　1994
『改訂学校カウンセリング』長尾博　ナカニシヤ出版　2000
『実践入門・教育カウンセリング』内山喜久雄監修　小林正幸編著　川島書店　1999
『生徒指導の現代的課題』学校教育研究所編　学校図書　2001
『学校だからできる生徒指導・教育相談』渡辺弥生、丹羽洋子、篠田晴男、越谷ゆかり　北樹出版　2000
『学校相談心理学』神保信一他著　金子書房　1978
『臨床教育相談学』内山喜久雄編著　金子書房　1997
『発達の理論』W・C・クレイン著　小林芳郎、中島実訳　田研出版　1984

●問題行動関係

『Q&A少年非行と少年法』第一東京弁護士会少年法委員会編　明石書店　1998
『クラスでできる非行予防エクササイズ』國分康孝監修　押切久遠著　図書文化社　2001
『矯正処遇技法ガイドブック』矯正協会編　1991
『非行少年の心理』安香宏他著　有斐閣　1979
『生徒指導に強くなる本』笠間達男　学事出版　1990
『うちの子に限って』小宮山要　同文書院　1990

『子供を動かす法則と応用』向山洋一　明治図書　１９８４
『非行心理学入門』福島章　中央公論新社　１９８５
『非行をどのようになおすか』黒川昭登　誠信書房　１９７８
『非行臨床』井上公大　創元社　１９８０
『子どもの非行に気づいたら』小野修　黎明書房　１９８７
『特別指導』柿沼昌芳、永野恒雄編著　学事出版　１９９２

●学級づくり、授業関係

『学級再生のコツ』諸富祥彦　学習研究社　２０００
『崩壊しない学級経営をめざして』國分康孝　河村茂雄　学事出版　１９９８
『荒れる教室をつくらない実践的学級経営』石丸淳　黎明書房　１９８５
『授業に生かすカウンセリング』國分康孝、大友秀人　誠信書房　２００１
『カウンセリングを生かした授業づくり』松原達哉編著　学事出版　１９９８
『エンカウンターで学級が変わる』シリーズ　國分康孝監修　図書文化社
『ソーシャルスキル教育で子どもが変わる』國分康孝監修　小林正幸、相川充編著　図書文化社　１９９９
『学校グループワーク・トレーニング』坂野公信監修　横浜市学校ＧＷＴ研究会著　遊戯社　１９８９
『参加型学習のすすめ方』廣瀬隆人、澤田実、林義樹、小野三津子著　ぎょうせい　２０００

『授業に生かす育てるカウンセリング』國分康孝他編　図書文化　1998
『参加型で伝える十二のものの見方・考え方』国際理解教育センター編　1997

●教育実践関係

『教育心理学序説』西昭夫・國分康孝編著　福村出版　1979
『教育実践学』高久清吉　教育出版　1990
『教育方法学』佐藤学　岩波書店　1996
『生徒指導が機能する教科・体験・総合的学習』坂本昇一　文教書院　1999
『教師の生き方・考え方』國分康孝　金子書房　1995

●研究法関係

『カウンセリング・リサーチ入門』國分康孝　誠信書房　1993
『実証的教育研究の技法』西川順　大学教育出版　1999
『実践的研究のすすめ方』群馬県教育研究所連盟編著　東洋館出版社　1994
『ユーザーのための教育・心理統計と実験計画法』田中敏、山際勇一郎　教育出版　1989

おわりに

最後に、本書が成立するにあたってお世話になった方たちにお礼を述べたいと思います。

本書は私の学問の師である國分康孝・久子先生の監修によるもので、私としては望外の喜びなのです。平成六年、私は康孝先生の研究室に半年ほど内地留学でお世話になりました。私は、先生の「役に立つ学問をせよ」「過去を生かして生きよ」「自分らしくあれ」という教えに忠実に実践を重ねていったつもりでいました。私と私の周囲の必要性を追究し、先生から学んだ学問を生かしながら実践を重ねていきました。しかし気づいてみると、私の実践の姿は先生のそれとは少し異なるものとなっていたのです。それでも両先生は私のことを「私たちの教え子です」と紹介してくださいます。私が先生から受け継いだもの、それは「学問に対する姿勢」であると思っています。

私にとって両先生は灯台のようなものです。途方にくれて目を凝らすと康孝先生がいて、「飯野、ぼやぼやするな。しっかりついて来い」と私に檄をとばします。私がしょげていると、「大丈夫。それでいいのよ」という久子先生の声が聞こえます。学問の父である康孝先生は叱咤激励し、母である久子先生は慈しみのまなざしを向けてくださいます。不出来な私を信じてくださった両先生に見守られ、思う存分、自分の実践を追究していくことができた結果が本書です。両先生には言い尽くせない恩義があります。感謝申し上げます。

また、私が内地留学をさせていただいた当時、康孝先生、久子先生の主催する「構成的グループエンカウンターの研修会」の世話役であった片野智治さん、岡田弘さんをはじめとする、苦楽を共にしたメンバーたちは、現在も私の学習を支えてくれる同士です。

当時のメンバーは、その後「國分ヒューマンネットワーク」「國分カウンセリング研究会」として集結し、現在、國分康孝先生が会長を務める「日本教育カウンセラー協会」の活動を進めています。この協会は、教育の役に立つ広義のカウンセリングの研究と実践を視野に入れた教育カウンセラーの育成をめざす団体です。教育カウンセラーをエジュケイター（教育者）と定義するなど、私の理論学習、実践の検証にとってなくてはならない場となっています。とくに私の所属する静岡支部では、堀内正文顧問、藁科正弘支部長をはじめ、会員のみなさんと共にさまざまな学習の機会をいただいています。本書の成立には、メンバーと教育カウンセラー協会の活動が不可欠でした。お礼を述べたいと思います。

さて、そのほかにも、私には、お礼を言わなければならない方たちがいます。

平日は職務に追われ、本書の執筆は休日に行いました。妻や娘たちには無理を強いました。罪滅ぼしをしなければなりません。教育者としても先輩である私の両親は、私の未熟さを指摘し、教育の意味、教師であることの意味を伝えつづけてくれたようです。ここにきて、受け継がなければならないものが少しはみえてきました。あらためて感謝致します。

そして、総合教育センターのみなさん、いままでの勤務校の同僚のみなさんは、日常の業務や議論を通して私の研究と実践を助けてくださいました。そして何より、一緒に学校で過ごし、私を支えてくれた生徒たち。ほんとうにありがとうございました。

最後に、企画から構成、作文まで手助けしてくださった、図書文化の東則孝さん・渡辺佐恵さん、フリー編集者の辻由紀子さんにお礼を申し上げます。

多くのみなさんのお力添えをいただいて、本書が完成しました。心から感謝致します。

平成十五年初春

飯野哲朗

監修者・著者紹介

■監修者

國分康孝　東京成徳大学教授　日本教育カウンセラー協会会長

1930年生まれ。東京教育大学，同大学院を経てミシガン州立大学カウンセリング心理学専攻博士課程修了。哲学博士。ライフワークは折衷主義のほかに，論理療法，構成的グループエンカウンター，サイコエジュケーション。自己イメージは，同僚の説をとり「大和魂が星条旗の背広を着ている人間」。現在は日本中に教育カウンセラーを育てようと精力的に活動中。師匠は，霜田静志，W・ファーカー。著書多数。

國分久子　青森明の星短期大学客員教授　日本教育カウンセラー協会評議員

1930年生まれ。関西学院大学卒業。ミシガン州立大学大学院修了。M.A.（児童学)。大学ではソーシャルワークを専攻したのち，霜田静志に精神分析的教育分析を受ける。その後，アメリカで児童心理療法とカウンセリングで修士号を取得。論理療法のA・エリスと実存主義者のK・ムスターカスに影響を受けた。著書多数。

■著者

飯野哲朗　静岡県総合教育センター指導主事　上級教育カウンセラー

1956年福岡県生まれ。國學院大学卒業。浄土真宗本願寺派中央仏教学院卒業。筑波大学大学院研究生修了（内地留学，指導教官國分康孝教授)。静岡県立高等学校教諭を経て現職。日本学校教育相談学会認定学校カウンセラー。ライフワークとして，教育の学としてのカウンセリングの理論化を模索中。サイクリング，山歩き，詩吟を趣味とする。著書は，『生徒指導に教育相談を生かす』，『教育の“学”としての学校教育相談を目指して』以上ほんの森出版。共編として『エンカウンターで学級が変わる　ショートエクササイズ集１，２』図書文化。分担執筆では，『スクールカウンセリング事典』東京書籍，『学級担任のための育てるカウンセリング全書２・６』図書文化社，『現代カウンセリング事典』金子書房，『続・構成的グループ・エンカウンター』誠信書房ほか執筆。

「なおす」生徒指導 「育てる」生徒指導
カウンセリングによる生徒指導の再生

2003年2月20日 初版第1刷発行［検印省略］

監修者 國分康孝 國分久子

装幀者 本永惠子
発行人 清水庄八
株式会社 図書文化社
〒112-0012 東京都文京区大塚1-4-5
TEL. 03-3943-2511 FAX. 03-3943-2519
振替 東京00160-7-67697
http://www.toshobunka.co.jp
印刷所 株式会社 高千穂印刷
製本所 合資会社 村上製本所

ISBN 4-8100-3391-0
乱丁・落丁本の場合はお取り替えいたします。
定価はカバーに表示してあります。